KB202021

Special Thanks

외교가에서 40년을 보낸 이로서 이 도서를 읽으면서 신선한 충격을 받았다. 저자는 도발적이면서도 실무적인 접근으로 일반 독자들로 하여금 국제 업무에 대해 관심과 흥미를 가지도록 유도한다. 지금 우리는 불확실성과 지정학적·지경학적 위기 시대에 살고 있다. 우호 협력 관계를 토대로 수십 년간 쌓아 온 다자주의(Multilateralism)가 자국의 국익을 최우선으로 하는 권위주의 정부에 의해 와해되는 위기에 처해 있다. 일방주의(Unilateralism)의 폐해를 인식하게 하는 가장 좋은 방법이 다양한 이해관계자들이 추진하는 국제협력 업무이다.

저자가 프롤로그에서 밝혔듯이 현재 진행되는 다양한 국제협력은 더 이상 외교관의 전유물이 아니다. 21세기에 접어들면서 진행된 세계화의 물결, 정보 통신과 교통의 비약적 발전은 국가 간 교류의 영역을 정부 차원을 넘어 지방정부, 기업, 민간단체 등 다양한 이해관계자들이 참여하는 분야로 확대하였다. 이는 국제협력을 수행하는 행위자 그룹과 국제협력 분야의 다원화로 연결되었다. 국가 간의 관계를 중점으로 다루는 기존의 외교분야 전문도서로는 급속도로 전개되는 다양한 국제협력을 모두 포용하기에는 어려움이 많았다.

박미정 교수는 이러한 어려움을 보완하는 차원에서 실제 경험을 바탕으로 국제협력 업무를 효과적이고 성공적으로 수행하기 위해 필요한 덕목과 자질에서부터 자세한 세부 업무 지침까지 담은 도서를 출간하였다.

이 도서는 지방자치단체, 기업, 시민 사회단체에서 국제협력 업무를 담당하는 분들에게 더할 나위 없는 필독서가 될 것으로 보인다. 특히 국제협력을 담당하게 되어 설렘과 함께 두려움을 가진 이들에게 자신감과 용기를 불어넣어 준다. 더 넓은 세계를 향한 도전을 하고자 하는 모든 이가 이 책을 바탕으로 다양화되어 가는 민간 공공외교의 주역으로 성장해 가기를 바라는 마음에 이 책을 주저 없이 추천한다.

(재)기후변화센터 이사장 최재철

최재철 이사장은 기후환경전문 외교관으로 주프랑스대사, 기후변화대사, 국제박람회(BIE) 의장 등을 역임하였다.

지금은 외무고시를 패스하지 않은 자가 '국제 업무에 대하여 논하기'가 가능한 시대이다. 필자를 포함하여 많은 지자체 공무원, 민간외교를 하는 이들, 다양한 협의회 및 NGO의 임직원들이 여러 위치에서 국가 및 도시의 국제 브랜드를 위해 노력하고 있다.

공공 외교라는 우산이 우리에게 있기 때문이다.

공공 외교는 정부뿐 아니라 지자체와 시민이 함께 국가의 국제적 위상을 강화하고 외국민에게 우리나라에 대한 인식을 고취시키는 활동을 말한다. 또한, 2020년 12월, 「지방자치법」의 개정을 통해 드디어 지자체가 국제 활동을 할 수 있는 근거가 마련되었다. '드디어'라는 표현을 쓸 수밖에 없다. 그 이유는, 아무런 제도나 버팀목 없이 국제협력을 해 오던 어려운 시기가 있었기 때문이다.

국제 업무는 의지와 마인드가 전부인 일이다.

오랜 시간 동안 꾸준히 같은 목적을 가지고 전진해야 하는 일이기 때문이고, 스스로의 의지가 없다면 다른 누구도 어떤 것도 등 떠밀어 주지 않는 분야이기 때문이다. 국제 업무는 개인으로 말하자면 해외 유학과도 같다. 아무도 해외 유학을 의무라고 생각하지 않지만, 삶의 의지와 방향성에 따라 선택하는 것이고,

스스로에 대한 투자이며, 미래를 위해 단행하는 결정이다. 여유가 있을 때 선택하지만, 여유가 없더라도 한다. 유학이 가져다 줄 사회적 인정과 자기 발전, 가치에 대한 기대가 선택을 하게 하고, 힘들지만 이뤄 낸다. 국제협력을 이와 같은 맥락으로 보면 이해가 쉽다.

국제협력을 하지 않아도 잘 살 수 있지 않냐는 질문을 많이 받는다. 당연히 그렇다. 그러나 나의 시선이, 조직의 비전이 보다 넓은 세계로 향해 있다면 무조건 나아가는 것이다.

원하지만 어떻게 하는지에 대한 구체적인 방법을 몰라 해답을 구하는 질문도 많이 받는다. 그럴 때는 정말 모든 것을 다 쏟아부어 컨설팅을 한다.

나 자신도 처음에는 주어진 일로 시작했지만, 일의 가치를 극대화하기 위한 노력을 쏟아부으면서 즐거웠고 의미 있는 결과물을 보며 행복했던 경험을 바탕으로, 보다 성공적이고 보람 있는 일들이 국제사회에서 펼쳐지길 바라는 마음으로 이 글을 써 내려간다.

회기동 연구실에서

Chapter 2.
Mind Part

Chapter 3.
Skill Part

Chapter 1

Principal Part

1

Leadership

———————— 목적을 향해 항해하도록 하는 바람

▌ 국제협력에 대한 인식

'국제협력을 왜 해야 하는가'에 대해 의문을 던지는 사람들을 많이 만나게 된다. 우리에게 이익이 되는 것이 무엇인가? 투자 예산 대비 무엇을 얻게 되는가? 국제협력은 먼 나라 이야기가 아닌가? 국제사회에 노력을 기울일 바에는 우리 내부의 문제를 위해 더 노력하는 게 낫지 않은가?

외국어를 한 마디도 못 하더라도 삶을 살아가는 데에 아무런 지장이 없다. 이웃을 살피고, 서로 잘 사는 우리 사회를 만들어 가는 것에 의미를 두고 있기도 하다. 우리 앞에 당면한 내부의 문제 해결을 위한 노력이 더욱 시급하다. 이러한 배경에서 국제협력은 반드시 필요한 요소로 인식되지 않는 경우가 많다.

▌ 국제협력을 이끄는 리더십이 매우 중요하다

리더의 비전과 방향성은 조직을 이끄는 어떤 무엇보다 중요하다. 비전 달성을 위한 적극적 전략의 하나로 국제협력을 선택하고 추진한다면, 어떤 이견이나 질문에도 답을 할 수 있는 이유와 근거를 마련해야 한다. 아무런 목표나 가치를 발견하지 못한 상태라면, 굳이 먼 나라의 다른 문화를 가진 사람들과 협력할 필요가 없다. 어떤 조직이든 국제협력을 위해서는 마음을 정하고 목표를 세우는 것이 필요하며, 주변 사람과 공유하고 공감대를 형성하여 함께 이끌어 내는 리더가 중요하다.

리더의 확신이 필요하다. 명확한 방향성을 가지고 국제협력을 추진한다면 효과적인 결과를 도출할 수 있다는 확신이다. 국제사회에서 나름의 성공을 이루기 위해서는 조직 내의 긍정적 분위기를 이끌 수 있어야 한다. 절체절명의 상황이나 의무적으로 추진해야 하는 상황이 아닌 자율성에 맡겨진 상황이라면 더욱 그렇다. 국제사회의 일원으로서 소통하고 공동 행동에 참여하기 위해서는 많은 노력이 필요하기 때문이다. 리더가 독려하고, 도와주며, 기다려 준다면 일이 된다. 특히, 결과를 기다릴 줄 아는 것은 필수적 요소이다. 국제협력은 장기적으로 진행되는 일이 많아, 단발성 이벤트를 제외하고는 협력 시작 후 몇 개월 또는 연내에 성과를 거두는 일이 거의 없기 때문이다. 눈에 보이는 단기적 성과만을 추구하는 시각으로는 버텨 내기 힘들다는 것은 꼭 기억해야 하는 부분이다.

▌ 리더십은 신중해야 한다

많은 리더가 국제 관계의 시작 자체에만 의미를 두고, 무분별하게 약속을 하곤 한다. 추진 과정과 협력에 대한 중요성 등을 간과하고, 협력의 시작을 알리는 그 즐거움에 취해 시작 단계, 즉 양해각서 MoU 체결만 반복하는 것이 대부분이라고 말할 수 있을 정도이다.

반대로, 기억 속에 남아 있는 한 사람이 있다. UN 기구와 지자체가 협약을 맺는다는 것은 매우 드문 일이다. 공통의 가치를 파악하고, 의향을 확인한 후 향후 적극적인 협력을 약속하는 협약을 체결하기로 합의를 도출하기까지 열심히 진행해 왔던 일이었다. 체결 후에도 멈추지 않고, 즉시로 협력 사업을 시작할 수 있도록 준비했다. 그러나 그때 만난 리더는 그조차도 조심스러웠다. 조직의 국제적 수준을 재고하였고, 실천력을 검토하였다. 결론적으로 그 협약은 이뤄지지 않았다. "국제적 약속인데 그것을 우리가 지키지 못하면 얼마나 큰 국제적 망신인가. 우리 조직이 좀 더 준비되면 합시다."라는 말과 함께 철회되었다. 철회 이후, 2년의 시간 동안 내부적 학습과 준비를 마친 후에 자신 있게 의향서를 교환할 수 있었고, 협력 사업에 착수할 수 있었다. 신중함은 일의 속도를 늦출 수는 있지만, 국제적 약속에 대한 진중한 자세와 약속에 대한 책임 있는 대응은 리더로서 가져야 할 당연한 자세이다.

▌ 글로벌 협력은 멈춰져서는 안 된다

글로벌 협력은 지속적이어야 한다. 실행 과정에서의 여러 가지 상황으로 인해 속도의 조정은 가능하지만, 의사 결정의 변화나 담당자의 변동으로 인한 멈춤은 발생해서는 안 된다. 국제사회는 지속적 관계를 중요시 여긴다. 우리나라에서도 관계가 중요하듯, 신뢰가 기반이 되는 국제사회는 더욱 그렇다. 한번 인연을 맺게 되면 오래도록 이어지게 된다. 사업적인 부분에서도 마찬가지다. 합의에 의해 협력 이니셔티브를 발족시킨다면 지속적인 관여와 책임을 가지고 이끌어 가는 것이 당연하고, 모든 구성원도 그렇게 이어지기를 기대한다.

그러나 우리나라는 조직적 특성상 사람이 자주 바뀐다. 예산 지원, 정책적 지원 등이 시기에 따라 확보되지 않는 경우를 많이 만나게 된다. 우리 내부의 상황이니 어쩔 수 없다고 생각할 수 있으나, 내부적 문제로 인해 국제적 협력이 단절되는 사례를 많이 경험해 왔다. 문제는 국제사회에서도 우리의 상황과 과거의 사례들을 잘 알고 있다는 것이다. 이는 분명한 우리의 손해이다. 이미 양치기 소년이 되어 버리면 열정을 가지고 협력을 시작하려 할 때 그 뜻이 온전히 받아들여지지 않는다. 국제협력을 적극적이고 지속적으로 추진하고자 한다면, 해당 부서의 잦은 인사이동은 피하는 것이 좋고, 내부 변화에 따라 좌우되지 않도록 국제적 약속을 지켜내는 성숙한 노력이 필요하다.

▌ 국제협력은 조직적 접근이 필요하다

많은 도시가 국제협력의 업무를 부수적인 지원 분야로 생각하고 조직 개편에 반영하는 경우가 많다. 예를 들면, 관광 활성화를 위해 국제 홍보를 지원하는 부서, 경제 부흥을 위해 글로벌 기업이나 연구소 등을 유치하는 업무를 지원하는 부서, 또는 부서별 국제적 네트워크를 넓히기 위해 추진하는 해외 출장 업무를 지원하는 부서 정도로 인식하는 것이다.

성공적 국제협력을 위해서 국제협력 부서의 정체성을 바르게 인식할 필요가 있다. 국제협력은 수박 겉핥기식의 접근은 안 되며, 단발성 이벤트로 사용되어서도 안 된다.

국제협력은 다양한 주제로 협력을 추진해야 하므로, 조직 전체의 노력이 필요하다. 도시 간 협력을 한다면, 한 가지 주제만 가지고 협력할 수 없다. 도시의 행정, 교통, 교육, 환경, 도시 개발, 주민 참여, 거버넌스, 문화, 예술, 복지, 보건 및 시민의 만족도 향상 등 다방면에서 협력의 연결 고리는 이어질 수 있다. 조직 내 국제협력 전문가들은 글로벌 마케터라고 부를 수 있다. 조직이 생산한 우수한 내용을 국제사회에 알리고, 상호 협력을 일으키는 업무를 수행한다. 이에, 우수한 정책이나 사업을 추진하는 부서와의 협업이 필요하고, 인력 교류를 위해서라면, HR 부서와의 협력이 필요하다.

국제협력 부서는 조직의 우수성을 발굴하고, 글로벌 브랜드화 과정을 이끄는 역할을 하기 때문에, 조직의 방향과 국제적 방향을 일치시키고, 정책의 국제화를 위해 새로운 노력을 시도하는 기획 부서로서의 역할을 추진하는 것에 대한 인식이 필요하다.

▌ 국제협력은 사람이 하는 일이다

가장 중요한 리더는 바로 자신이다. 국제협력 업무를 하고 있는 '나'이다. 국제 업무는 사람이 중요하다. '우리에게 필요한 리더십을 누가 가져야 하는가'의 문제인데, 조직을 이끄는 리더뿐 아니라 업무를 추진하는 스스로가 리더의 마인드와 비전, 열정을 가지고 추진할 때 파트너를 리드하고 조직을 리드하게 되며, 협력의 결과는 괄목할 만한 성과가 된다.

정리

1) 국제사회에 뜻을 두는 리더십
2) 조직원들에게 동기를 주는 리더십
3) 지속적으로 추진할 수 있는 리더십
4) 국제적 약속을 지킬 수 있는 리더십

2

Planning

───────── 모든 일의 성과는 훌륭한 기획에서 시작

▌ 국제 교류 협력 활동은 몇 가지로 구분할 수 있다

협력 대상에 따라 국가 간 협력, 도시 간 협력, 민간 협력, 국제기구와의 협력 등으로 구분한다.

협력 대상의 수에 따라, 한 개 대상과 양자 협력, 두 개 이상 대상과 다자협력을 추진한다.

협력 내용에 따라 무역/경제 교류, 인적 교류, 문화 교류, 정책 및 지식 교류 등이 있으며, 목적에 따라 ODA(공적 개발원조, Official Development Aid) 등과 같은 개발 협력, 국제 이슈에 관한 협약/조약, 위원회 활동, 국제 프로젝트 참여, 국제 행사 유치와 개최 등이 있다.

협력의 기반은 신뢰를 바탕으로 하며, 협력적 네트워크가 갖춰져야 가능하다. 협력 추진 과정에서의 기획은 내용 기획과 운영 기획이 있다.

▌ 국제협력을 위해 사람이 모인다

국제 업무를 추진하면서 가장 많이 한 일은 사람들을 만난 일이다. 서로에게 필요한 목적을 달성하기 위해서 함께 힘과 지혜를 모으는 일은 중요하므로, 사람이 만나는 것은 협력의 시작이고 방법이다.

사람이 모이면 일정 형식과 형태를 갖춰 행사를 진행하게 되고, 참가자와 목적에 따라 다양한 국제 행사가 개최된다.

첫째, 상호 방문 행사

정상회담, 양자회담, 차담 등의 환담, 영접, 선언식, 협약식, 오·만찬 행사 등이 있다.

둘째, 정책 및 지식 교류 행사

정책 포럼, 지식 공유 세미나, 문화 및 산업 시찰, 단기/장기 초청 교육, 기술 교류 및 설명회, 보고회, 주제별 워크숍 등이 있다.

셋째, 문화 교류 및 네트워킹 행사

교류의 날, 교류 공연 및 전시, 기념일 행사, 다문화 축제, 만찬, 리셉션, 상징물 교류, 파티 등이 있다.

넷째, 개발 협력 행사

인력 교류 파견, 컨설턴트 임명, 제안서 제출 및 심사, ODA 차원의 협력 활동(물품 지원, 인력 지원, 재정 지원, 프로그램 참여 등) 등이 있다.

다섯째, 국제회의 및 전시 행사

연례 총회, 이사회, 집행위원회, 지역별 회의, 기술 회의,

평가 회의, 각종 위원회, 세계 박람회(엑스포), 연계 전시, 유치 설명회 등이 있다.

여섯째, 비즈니스 이벤트

무역 전시 등 산업 전시회, B2B/B2C 비즈니스 미팅 및 설명회, 로드쇼, 인센티브 워크숍 및 팀 빌딩 등이 있다.

다양한 국제협력 행사의 성공을 위해서는 기획 역량을 갖출 필요가 있다. 운영 시에도 행사의 목적에 따라 진행될 수 있도록 실수를 최대한 줄이는 것이 담당자의 업무적 책임과 의무이며, 정해진 절차에 따라 행사 전반을 운영하는 것은 상호 관계적 측면에서 매우 중요한 부분이다.

국제 행사를 앞둔 기획자라면 알아야 할 핵심 내용

행사에 대해 깊이 이해를 해야 한다

기획자는 개최되는 행사의 목적을 명확히 알아야 한다. 또한, 참가자가 행사를 통해 무엇을 얻고자 하는지 명확히 알아야 한다. 행사의 목적을 기획의 목표로 정하면, 나머지 기획은 같은 맥락 안에서 풀어내야 한다. 행사의 목적이 전 과정에 스며들 수 있도록 기획자는 노력해야 한다.

자신에 대한 신뢰를 높여야 한다

기획자가 갖는 적극적 마인드가 중요하다. 많은 경험이 없더라도, 친화적인 자세로 일에 집중하기 시작하면, 일과 가까워지고, 부담감이 줄어들면서 스스로를 신뢰하게 된다. 행사 전반에 대한 책임과 전체를 이끄는 리더로서 성장하는 자신을 경험하게 될 것이다.

업무에 대한 치밀함이 있어야 한다

기획서는 자세하면서 명쾌하고, 실행 계획은 구체적이어야 한다. 꼼꼼하게 체크리스트를 작성하여 모든 과정에서 분/초 단위로 일어나는 일들이 체계적으로 관리되어야 한다.

▌ 목적에 부합하는 내용 기획이 중요

모든 행사의 개최 목적에 부합하도록 내용, 즉 프로그램을 기획하는 것은 무엇보다 중요하다. 행사의 궁극적 목적을 이해하고 그 목적에 부합하는 주제 선정, 방향성 설정, 토론 내용 및 과정, 참가자 선정 등 최선의 시너지를 낼 수 있도록 프로그램을 기획해야 한다.

▌ 내용 기획의 핵심

정책 포럼이라면 다음의 요소들을 고려하게 된다.

정책의 문제 해결을 위한 과제를 도출한 후, 현안에 밀접한 경력을 가진 국제 전문가를 선별하고, 문제 해결에 가장 직접적 결론을 도출할 수 있는 토론 방식을 선정하여 진행한다. 포럼의 질을 높이기 위해, 관련 자료를 전문가와 사전 공유하여 학습하게 하고, 현장 시찰을 통해 이해도를 높이고, 다양한 이해관계자들과의 토론을 거쳐 현실을 정확히 이해하도록 한 후에 본격적인 정책 토론에 참여하도록 단계별 소통을 함으로써 결과의 충실도를 확보하는 프로그램을 기획하는 것이다. 포럼의 결과로 목적을 즉시로 이뤄 낼 수 있다면 가장 좋지만, 그렇지 않더라도 목표를 향한 효과적인 발판을 마련했다면 훌륭한 내용 기획이다.

보여 주기 위한 행사에서 벗어나 무엇을 만들어 낼 것인지에 대한 고민, 연사의 전문성만을 의지하는 전달식 세션이 아닌 상호 소통하는 방법, 폭넓은 공유와 단계별 참여를 통한 실질적 내용 차별화, 접근 방법과 과정의 참신성과 파급력을 높이는 기획이 핵심이다.

▌ 내용 기획의 가치를 높이는 핵심

국제협력은 상호 소통이 중요하고, 소통을 통해 공통의 관심사를 도출하여, 만족도를 높이고, 지속적인 교류를 이어가는 계기로 삼는다면 그 가치는 매우 높다.

좋은 프로그램이란 구체적인 니즈를 만족시키는 것이다. 교류 협력 대상과 관심 주제가 같다는 것은 좋은 시작이다. 그러나 시작에 머물러서는 안 된다. 탐색을 통해 교류 협력 대상의 현황을 파악하고, 세부적인 주제별 이슈를 도출하여, 상대가 원하는 내용을 전달하고, 우리에게 필요한 내용을 얻을 수 있도록 기획해야 한다. 연사를 초청할 때도 해당 내용을 가장 잘 아는 적임자를 섭외하는 것은 기본이고, 참가자들의 상황과 기대하는 내용을 파악하여 사전에 공유함으로써 이해가 쉽고, 적용에 필요한 질의응답과 토론이 가능하도록 준비하는 것이 가치를 극대화하는 기획이다.

좋은 프로그램이란 글로벌 이슈를 다루지만 현실과 동떨어지지 않는 것, 단순 지식의 전달이 아니라 유용한 사례와 확실한 비전을 제시하는 것, 청중의 눈높이를 맞춰 서로의 생각, 상황, 단계 등을 잘 매칭하여 서로에게 흥미로운 내용을 전달하는 것, 대주제와 소주제 간의 맥락이 일치하고 효과적으로 전달되는 맞춤형 프로그램을 말한다. 좋은 프로그램은 만족도를 향상시키며, 지속적 가능성을 높여, 결국 우호적 협력이 이어지게 된다.

정리

1) 국제협력은 다양한 행사를 동반
2) 매뉴얼에 따라 진행하지만, 내용과 흐름을 주도하는 것이 중요
3) 기획의 핵심은 가치를 창출하는 것

3

Sense & Experience

──────────────── 감은 경험에서부터 나온다

국제협력에 필요한 '감'이라는 것은 오감(청각, 시각, 촉각, 후각, 미각)과 심리적 작용을 더한 육감에 실전 경험을 통한 데이터가 포함되어 완성된다.

▌ 국제적 감각을 머리로만 이해하는 것은 미완성

해외여행을 처음 갔던 때를 회상해 보면, 이해가 빠를 듯하다. 여행을 준비하면서, 그곳의 역사, 환경, 경제, 여행지, 생활 방식, 문화, 언어 등에 대하여 많은 공부를 하고 떠난다. 그러나 현지에 방문했을 때 느끼는 문화적 충격, 언어적 한계, 다양한 인종에 대한 생경함, 국제사회에 대한 약간의 두려움, 그 안에서 잘 해내 보려는 고군분투의 기억이 누구나 있을 것이다. 그런 느낌과 상황 속에서의 판단, 행동, 그로부터 배우는 깨달음 등이 더해졌을 때 그 여행은 완성된다. 일상에서 경험해 보지 못한 것들에 대한 기억과 추억이 오래 남게 되고, 그것을 통해 우리의 삶이 한층 깊어지고, 영역이 넓어지는 것을 느끼게 된다.

국제협력 부서로 발령받아 오는 행정직 공무원들을 많이 만났다. 국제 업무가 처음인 사람들이 일률적으로 하는 말이 있다. 십수 년, 또는 몇십 년을 공무원 생활을 했지만, "국제 업무는 너무 새로운 일이어서 걱정이 된다."라는 것과 "언

어 공부를 해야겠다."라는 것이다. 실제로, 영어 학습을 위한
도서를 구매하거나, 전화 영어를 신청하거나, 학원을 등록하
는 이들도 많이 있었다. 국제 업무는 이런 것이다. 일상에서
자연스럽게 경험하지 못하는 일이라는 것, 마음가짐이 필요
하다는 것, 그동안의 업무 노하우로는 부족하다고 판단되는
것, 그래서 보다 노력이 필요한 일이라는 것이다.

　기업에서도 해외 지부에 파견된 사람은 오랫동안 그 업무
를 담당하도록 하는 경우가 많다. 쌓아 놓은 네트워크나 현
지에 대한 이해가 그만큼 중요하기 때문이다.

　'감(Sense)'으로 다시 돌아와서, 국제협력을 자연스럽게
추진하기 위해서는 경험이 필요하다. 국제협력의 감은 우리
가 흔히 말하는 '느낌적 느낌', '내 촉은 정확해'라는 식의 불
확실한 예측, 또는 찍기식의 타진이 아니다.

국제적 감각은 경험을 통해 쌓은 데이터를 기반으로 이뤄지는 판단

　경험이 중요한 이유이다. 협력 프로젝트를 하려면 우수한
정책을 알고 있다면 보다 쉽다. 국제회의 기획이 어렵다면
국제회의에 참가해 보면 보다 쉽다. 외빈을 영접하려면 외빈
이 되어 보면 된다. 그렇지 않다면, 다른 외빈 행사를 일부러

찾아가 본다면 쉽다. 종교 음식이나 특이식 등을 제공할 때 어떻게 준비해야 할지 모르겠다면, 직접 먹어 보면 쉽다. 해외 ODA 사업을 해야 할 때 코이카 등 프로그램을 통해 활동을 해 보았다면 쉽겠다. 이처럼 국제협력의 생경함을 줄이기 위해서는 경험을 하는 것이 중요하다.

최근 도시 외교의 국제적 흐름은 정책적 협력이다. 평소에 관심을 얼마나 갖고 이해하고 있는지에 따라 협력의 질에서 차이가 난다. 어떤 정책들이 많은 도시에 적용되고 있는지, 어떤 성과를 내고 있는지 눈여겨보면서 정책을 경험해 보는 노력이 필요하다.

▎ 국제적 감각을 얻기 위해 국제적 이슈에 관심

국내적 관심뿐 아니라, 국제적 흐름에도 관심을 가질 필요가 있다. 많이 다뤄지고 있는 분야별 키워드에 대해 관찰하고, 이해하는 노력이 필요하다.

문화에 대한 관심, 사람에 대한 포용을 체험하는 것도 좋다. 우리나라는 단일민족으로 많은 외국인을 접하며 살아오지 않은 이유로, 다른 문화의 사람들과 자연스럽게 어울리는 것이 쉽지만은 않다. 우리에게 필요한 국제적 마인드는 이해와 포용이다. 이는 감성적으로 공감하고, 동등한 시각으로 인정하고 함께하는 자세를 말한다. 포용의 반대는 차별이다. 교류에 있어 어떤 국가가 좋고, 어떤 지역은 도움이 안 되는 것은 없다. 자가 판단이나 선호도 등 자의적 기준에 의해 분리하고, 배척하는 일은 있어서는 안 된다는 것을 기억해야 한다.

사람은 누구나 처음이 있다. 처음부터 완벽하기란 불가능한 일이다. 그렇기에 경험 없음에 대한 부끄러움은 불필요하다. 다만 수용적 자세와 적극적 배움의 자세가 필요하다.

▌ 한 번의 경험으로도 큰 깨달음

특히 국제 업무는 더욱 그렇다. 기회가 주어지든 주어지지 않든 모든 기회를 활용하여 경험을 할 수 있도록 노력하는 것부터 글로벌 전문가로의 성장의 시작이다. 그것들이 쌓여 나의 데이터가 되고, 그것이 나의 감각을 탁월하게 성장시켜 줄 것이다.

정리

1) 국제 업무는 감이 있어야 한다
2) 감은 반복적 경험에서 얻어진다
3) 현장감이 중요하다
4) 인생의 경험은 돈을 주고도 한다고 했다

4

Active & Positive
approach

──────────────── 국제협력은 내돈내산

많은 기관 및 지자체의 국제협력 담당자에게 많이 듣는 질문이 있다. 국제협력을 어떻게 하면 잘할 수 있을지, 교류가 끊어진 국제 관계를 어떻게 하면 지속적인 관계로 맺어 갈 수 있는지에 대한 질문이다. 또 국제기구에 가입하여 활동하고 있는데, 왜 얻어지는 결과는 작은가 하는 것이다. 그에 대한 답은 황당할 만큼 간단하다. 투자한 노력만큼 결과는 얻어진다는 것이다. 자주 연락하고 자주 만나고 서로를 알아 가고 함께할 수 있는 일들을 많이 만들어 내는 노력을 기울인다면 모든 물음이 해결될 것이다.

▌ 국제협력의 성공적 결과는 노력의 산물

노력을 기울인 만큼 성과가 나도록 되어 있다. 간단한 원리를 간과하고 있는 것이다. 우리는 개인과 개인이 소통하는 방법은 잘 알고 있다. 그러나 기관과 기관, 도시와 도시가 상호 소통하는 것을 잘 모른다고 한다. 그 이유는 간단하다. 경험이 부족하기 때문이다. 일반적인 사회생활을 통해서 국제적 경험을 기른다는 것은 매우 드문 일이기 때문에 경험이 부족한 것은 당연하다. 그러나 국제협력을 위해서는 좀 더 다양한 시도를 해 보는 노력이 필요하다. 그러면 좋은 방법을 찾을 수 있다.

내돈내산이라는 표현이 생겨났다. 내 돈을 주고 내가 산

내 것이라는 뜻인데, 자기 스스로의 희생과 노력을 통해 얻은 소중한 것이라는 의미를 내포하고 있다. 국제협력에 접근하는 태도를 적절하게 대변하는 표현이라고 생각한다.

▌ 기댈 언덕은 많이 있다

문제는 내 돈을 어디에 어떻게 써야 좋은 결실을 맺을 수 있는지 모를 때가 많다는 것이다. 국제협력은 많은 부분에서 다른 사람의 도움을 필요로 한다.

먼저 전문가를 활용하는 것이다. 부족한 네트워크를 보완하기 위해 이미 잘 구축된 플랫폼에서 활발히 활동하고 있는 사람과 협력적 관계를 맺음으로써 그의 네트워크를 공유하는 경우이다. 예를 들어, 국제 행사 유치를 시도할 때 행사 주최 기관과 연관이 깊거나 그 분야에서 주효한 역할을 해줄 수 있는 전문가의 도움을 받는 경우가 있다. 지역 교류를 위해 해당 지역 내 한인 네트워크나 영향력 있는 기업인의 도움을 받는 경우도 많다.

국제적 플랫폼을 활용할 수도 있다. 정부 간 협력의 주요 기관인 UN을 포함한 정부 간 국제기구, APEC(아시아태평양 경제협력체, Asia-Pacific Economic Cooperation), ASEM(아시아-유럽정상회의, Asia Europe Meeting) 등을 포함한 지역 간 국제기구, INTERPOL(국제형사경찰기구), 국회의장회의, 국세청장회의, 세계기상기구 등 기관 간 국제협의체, 도시 간 협력의 주요 무대가 되는 국제협의체로서 UCLG(세계지방자치단체연합, United Cities and Local Governments), METROPOLIS(세계대도시협의체), CITYNET(시티넷), ICLEI[이클레이, 국제자치단체환경협의회, Local Governments for Sustainability(originally International Council for Local Environmental Initiatives)], C40 기후리더십그룹(C40 Climate Leadership Group), GCoM(글로벌 기후에너지 시장협약, Global Covenant of Mayors for Climate & Energy), WMCCC(기후변화세계시장협의회, World Mayor Council on Climate Change), PATA(태평양지역관광협회, Pacific Area Travel Association), WHO AFHC(세계보건기구 서태평양 건강도시연맹) 등이 있다. 많은 기관 및 도시가 연회비를 내고 회원의 자격을 얻어 국제 무대에서 활동하고 있다. 회원으로서 국제기구가 제공하는 프로그램 등을 통해 좋은 기회를 얻기를 기대하고, 그 틀 안에서 확대할 수 있는 국제적 역량 강화를 기대하고 있다.

정부 차원에서는 외교부와 외교부 산하 코이카(KOICA)가 국가 간 국제협력과 민간 국제협력의 교두보 역할을 하고 있고, 한국국제교류재단(Korea Foundation)을 통해 국가 글로벌 브랜드 향상과 부문 간 협력 활성화를 위한 노력을 기울이고 있다. 기업의 글로벌 비즈니스 확장을 위해 무역을 돕는 코트라(KOTRA)는 산업통상자원부 산하에 위치해 있다.

각국 문화원과의 협력을 통해 많은 교류 사업을 추진하고 있으며, 민간 국제교류 확대 및 심리적 거리감을 축소시키기 위해 역할을 하고 있다.

지자체의 국제협력을 돕는 좋은 기관이 있다. 대한민국 시도지사협의회(GAROK)는 국내 지자체의 국제협력 지원 역할을 충실히 수행하고 있다. 첫째, 국제기구 활동을 돕는다. 협의회가 국제기구 사무국과의 커뮤니케이션을 주도적으로 추진하여 아젠다를 이끌고, 정기 회의 자료 및 연간 리포트, 각종 정보들을 국문 번역을 하여 배포하고, 국제기구 임원 의석을 확보하여 지자체가 참여할 수 있도록 길을 열어 준다. 또한, 정책을 국제 무대에 소개할 수 있도록 중간 역할을 적극적으로 해 주고 있다.

둘째, 국제 네트워크 확대를 돕는다. 주한외국공관과의 간담회를 적극적으로 만들어 제공한다. 각 국가와의 협력을 원하는 기관과 만남을 주선하고, 시간 조정, 장소 제공, 통역 지원 등 편의를 제공함으로써 협력의 기회를 만들 수 있도록 돕는다.

셋째, 국제협력에 필요한 다양한 주제를 담아 글로벌 교육 프로그램을 운영한다. 국제협력 전략, 국제 행사 기본 교육, 글로벌 문화에 대한 공유, 우수 사례를 통한 벤치마킹 등의 다양한 지식적 함양 및 마인드 고양의 기회를 제공한다.

수많은 NGO(비정부 간 기구, Non-Governmental Organization)가 있고, WBCSD(세계지속가능발전협의회) 등과 같이 개인이나 기관, 기업들이 참여할 수 있는 많은 국제기관과 단체가 존재한다.

▌ 내 일은 내가 만들어야 한다

중요한 것은 그다음이다. 협력 주체들의 적극성이 필요하다. 좋은 환경에서 많은 사람이 돕고, 좋은 플랫폼에 참여하고 있더라도 우리만의 목적 달성을 위해 책임져 줄 수는 없기 때문이다.

국제기구 활동의 경우, 정기 회의 참석, 간헐적 발표, 임원 활동 등은 대부분 열심히 한다. 그러나 분과를 이끄는 리더 활동, 회원 간의 상생을 위한 긴밀한 소그룹 교류, 국제기구를 활용한 국제적 트렌드 학습, 공동 프로젝트 추진 등에 대한 노력을 기울이는 지자체나 기관은 드물다.

주한외국공관과의 간담회의 경우, 개최 예정인 국제 행사에 연사 초청, 교류 대상 도시 또는 기관 추천, 관심 산업 현황 공유 정도를 의뢰하는 것이 일반적이다. 좋은 기회 활용이라고 할 수 있겠다. 그러나 사전에 해당 교류 대상과의 정책적 공통점, 문화적 공통점, 개발 과정과 현황의 공통점 등을 미리 체크하고, 협력 포인트에 대한 고민을 충분히 한 후

협력을 원활하게 시작하기 위한 도움을 요청하는 것이 한 걸음 더 나아간 적극적 기회 활용이라 할 수 있다.

자매 우호 도시의 경우, 관련 전문가의 중재, 상위 기관의 중재, 우연한 기회에 방문차 맺은 경우가 대부분인 것을 발견하였다. 국제적 네트워크의 부족, 단기적 성과를 위한 결연 등이 이유일 수 있지만, 지속 가능한 관계를 위해서는 상생 가능한 공통분모를 찾아 협력을 강화하는 노력이 필요하다.

주체적 협력을 위해 시너지 효과를 낼 수 있는 부분을 발굴하고, 협상하고, 성공적인 수행을 위해 노력을 다하는 경험을 해 보면 좋을 것 같다.

▎ 내가 만든 일이 지속 가능할 수 있는 방법

연락은 해당 대상과 직접 한다.

단발성 교류 활동은 지양한다.

친선 목적의 교류는 간헐적 양념으로 활용한다.

상대의 의도와 필요를 파악하고 협력 방향을 정한다.

목적을 명확히 정한 협력적 프로젝트를 공동 기획한다.

단기/중기/장기 구분하여 단계적 교류 활동을 기획한다.

정책/기술/교육/개발 등 실질적 교류를 추구한다.

상호 기여할 수 있는 인적 교류를 추진한다.

파트너십 강화를 위한 요소를 지속 발굴한다.

▌ 적극적 커뮤니케이션으로 연대 강화

코로나19 시기를 지나면서 많은 기관과 단체가 국제 네트워크를 잃었다. 시스템의 붕괴로 소통이 불가능했고, 직접 만날 수 없는 상황에서 담당자들의 교체로 친밀감이 하락했다.

반면, 같은 상황에서도 네트워크를 더욱 강화하여 성장한 사례도 있고, 신규로 교류 협력을 시작한 사례도 있다. 적극적 커뮤니케이션이 부정적 상황을 긍정적으로 바꾸는 유일한 방법이 되었다. 성공적 교류의 시작은 적극적 커뮤니케이션이라는 것을 잊지 말아야 한다.

정리

1) 국제협력은 남이 떠먹여 줄 수 없음

2) 의존적이라면 지속적이지 못함

3) 스스로 찾아 길을 내야 함

4) 긍정적, 적극적 태도는 필수

5

Needs

협력의 이유

▌ 필요는 발명의 어머니

필요는 협력의 어머니라고 바꿔 말하고 싶다.

협력은 필요(Needs)를 공유하고 함께 해결하고자 하는 것으로부터 시작되기 때문이다. 국제적으로 협약/조약을 맺는 것도 같은 이유이다. 국제적으로 공동의 목표를 갖고 목표 달성을 위해 정부 간 협력할 것을 문서로 남기는 것이다. 대표적으로 UN 환경 3대 협약이 있다. 기후변화 협약, 사막화 방지 협약, 종 다양성 보존 협약이다. 2024년 11월 현재, 플라스틱 협약을 위한 5차 총회가 진행 중이다.

글로벌 어젠다 역시 필요로부터 출발한다. 수많은 회의와 논의를 통해 각 국가, 지역의 현황과 문제를 다루고, 어떻게 해결해 갈 것인지 도출한다. 시기와 현상에 따라 구체적 내용은 달라진다. 기후변화 저지라는 필요 아래 에너지 전환, 석탄 연료 퇴출, 기후 행동을 위한 손실과 피해 기금 마련, 기후 재원 등 해마다 구체적 주제를 달리하여 토론을 이어가는 것을 보면 이해할 수 있다.

필요를 위해 협력을 하는 것은 지자체도 마찬가지다. 시민의 글로벌 문화와 경험 향유, 진출 기회 확대, 상호 번영과 발전을 위해 교류를 약속한다. 또한 기관이나 기업도 마찬가지이다. 중요한 것은 상호 간의 필요를 이해해야 하며, 서로의 시각에 맞는 전략을 제시하고 방향을 설정하는 것이다.

우리의 필요는 무엇인가? 상대의 필요는 무엇인가?

질문에 대해 빠르고 정확하게 답을 할 수 있다면 매우 바람직한 상황이다. 대부분 정확히 파악하지 못하거나 부분적으로 판단하여 근시안적으로 문제를 바라보는 경우가 많이 있기 때문이다. 협력 대상과 함께 서로의 필요를 토론하고 분석하는 것이 의미가 있다. 필요를 만족시키기 위해 시기적절하게 당면 문제에 집중하여 협력한다면 다양하고 지속적인 국제협력이 가능하게 된다.

필요의 파악은 매우 구체적이어야

관심 주제가 같다고 해서 필요가 당연히 같다고 말할 수 없다. 교통이 문제라고 한다면 교통의 무엇이 문제이고 필요한지 알아야 한다. 교통에도 신호체계, 도로 건설, 도로 안전, 대중교통 운행 시스템, 노선 개발 및 운영 시스템, 스마트카드, 캠페인, 예산, 교통정보 시스템, 교통통제센터 등 다양한 분야가 있기 때문이다. 여기에서 그치지 않는다. 스마트카드라고 한다면 스마트카드 시스템 구축을 위한 준비 과정, IT 시스템, 결제 시스템 통합을 위한 다양한 대중교통 사업자 간 거버넌스, 단말기 개발 기술 및 탑재, 시민 참여 과정, 사용자 혜택, 구축 비용 및 문제점 등 다양한 분야에서의 필요가 발생할 수 있다.

통합 운영 IT 시스템 문제라고 한다면, 해당 지역의 IT 기반 시설이 필요한지, 전문가 교육이 필요한지, 서버 시스템과 운영 노하우가 필요한지 매우 구체적으로 파악한 후 바로 그 내용을 가지고 협력을 시작해야 한다. 이렇게 구체적 접근이 이뤄졌을 때 상호 만족도가 높은 협력이 시작되는 것이다.

▌ 실행은 모두에게 주어진 과제

그다음은 실행이다. 국제사회에서 일어나는 논의와 협의의 맹점은 실천력이 약하다는 것이다. 실행력을 가진 주체가 적극적으로 실현해 나갈 때 진정한 만족과 달성이 성취되는 것이다.

중요한 개념을 소개하고자 한다. UNFCCC 임원이면서 세계적인 협력과 혁신을 선도하는 인물이 있다. Massamba Thioye(마쌈바 초이) 박사는 혁신을 위해 필요한 요인을 세 가지로 설명하고 있으며, 이는 세계적 트렌드가 되고 있다.

바로 Caring, Sharing, Daring이다.

Caring: 사람의 필요를 듣고, 파악하는 것이 중요하다. 필요를 듣는 것이 돌봄(Caring)이다. 필요를 파악하는 것은 분석(Analysis)이다. 필요는 목표가 있을 때 생겨나는 것이고, 목표와 필요의 차이를 분석하는 것이 Gap reporting이다. 차이 분석을 기반으로 보다 혁신적인 계획을 세울 수 있게 된다.

Sharing: 문제 해결을 위한 필요한 정보, 기술, 정책, 노하우 등을 공유하는 것이 필요하다. 스스로의 문제를 스스로 해결하기에는 재정적, 인적, 물리적 자원의 한계와 능력의 한계로 좌절하는 경우가 많다. 이미 존재하고 성공을 거둔 자원을 공유함으로써 순식간에 해결되는 마법을 경험하게 될 것이다. 존재하지 않는다면, 가장 잘, 가장 빠르게 해결할 수 있는 방법을 함께 도출하는 것이다.

Daring: 필요를 만족시키기 위해 용기 있는 추진이 필요하다. 현재 당면한 문제들을 바라보면 한 걸음도 앞으로 나아가지 못한다. 궁극의 목표를 향해 눈을 고정하고 그 목표를 위해 지금의 상황을 하나씩 해결하고자 하는 용기야말로 가장 중요한 요인이다.

혁신적 행동을 위해 사회적/조직적/개인적 측면에서 재조정, 재고안(Reinvention)이 필요하다. 기존의 시스템이나 사고로는 한계에 부딪힐 수밖에 없고, 출발도 못 할 수 있다는 우려가 있다.

필요는 혁신적 행동을 야기시키고, 혁신적 행동은 매력적인 파트너로서 힘을 갖게 하며, 매력적인 파트너와의 지속적 협력을 원하게 된다. 이것은 실무적 진리이다.

정리

1) 필요를 만족시키는 협력은 지속적이다
2) 필요는 뚜렷한 목표를 가졌을 때 도출된다
3) 실천은 구체적이어야 한다
4) 혁신적 실천은 Caring, Sharing, Daring을 필요로 한다

6

Meaning

———— 나의 모든 행동에는 세 가지 이유가 있다

국제협력의 또 다른 기본 원칙은 의미(Meaning)이다

당위성, 정당성, 모든 사람이 납득할 만한 이유가 있는가!

기획을 하고, 많은 프로젝트를 추진하면서 신뢰를 쌓아 갈 수 있었던 나만의 노하우가 있다. 여러 차례의 경험 끝에 터득한 진리라고 해도 무방하겠다. 바로 내가 하는 모든 행동에 대한 세 가지 이유를 찾는 것이다. 바꿔 말하면 이유가 있는 행동을 해 왔다는 말이 된다. 누가 물어도 나의 말과 행동에 대한 설명을 충분히 할 수 있었고, 그것이 이해가 되고 받아들여졌다. 그리고 나의 말에 신뢰를 갖게 되었고, 그런 경험들로 인해 나 자신을 믿을 수 있게 되었다.

임기응변과는 약간 다르다. 임기응변의 사전적 의미는 '그때그때 처한 사태에 맞추어 즉각 그 자리에서 결정하거나 처리함'이라는 뜻으로, 예상치 못했던 상황에 대한 대처 능력으로 이해하는 것이 가깝다.

기획을 할 때 많은 선택과 결정을 하게 된다. 기획의 방향을 정할 때, 단계별로 실행 계획을 정할 때, 관련한 모든 대화에서 설득하고 이해시키고, 발생할 상황을 예측하여 준비해야 한다. 이 모든 단계에서 적용되는 원칙이 세 가지 타당한 명분 또는 이유이다. 나의 취지와 뜻을 전달하고 이해시켜야 하기 때문이다. 모면하기 위한 것이 아니라 가장 최선의 선택을 할 수 있도록 하는 사고력을 강조하고 싶다.

이런 습관은 예기치 않은 상황에서도 빛을 발한다. 빠르게 상황을 판단하고, 다방면에서 숙고하여 이유가 있는 판단을 할 수 있게 된다. 위기 상황에서 모면이 아니라 방법을 찾아내는 습관이다. 경우의 수를 모두 생각하여 그 순간 가장 최선의 선택을 하여 이슈를 무난하게 해결함으로써 좋은 마무리를 이끌어 내는 능력은 신뢰를 쌓게 하며, 인정을 받도록 해 준다.

수많은 기획서 중 설득하지 못하고, 동의를 못 얻는 경우도 많다. 많은 정보를 기록하다 보면, 습관처럼 포함되는 말, 빈칸을 채우기 위한 말, 주제를 벗어난 부가적 내용이 장황하게 설명되는 경우도 있다. 늘 쓰던 내용이라서 재고하지 않고 당연히 포함시킨 말도 존재한다. 설마 그런 일이 있을까 싶은 일들이 기획서상에서 일어난다. 그 이유는 왜 이 말을 쓰고 있는지 생각하지 않기 때문이다. 내 기획서에 이 말이 왜 쓰여 있는지 재고하지 않기 때문에, 의미 없는 말들이 설득력을 잃게 하는 것이다.

국제협력에서 무엇보다 중요한 것은 의미이다. 방법도 중요하고 결과도 중요하지만, 서로 갖는 의미가 좋고, 명확해야 일이 시작되기 때문이고, 방법과 결과도 좋아지기 때문이다. 또한 의미가 있어야 지속 가능할 수 있다.

▌ 국제협력의 의미는 가치 창출

가치 창출이라는 것은 일의 결과, 좋은 것, 유용한 것, 충족시키는 것, 도움이 되는 것, 발전하는 것, 중요성을 더욱 강화시키는 것을 통틀어 말할 수 있다.

국제적으로 우수한 사례에 어워드를 시상하기도 하고, 많은 인증 제도도 있다. 모든 국제협력적 활동은 의미를 갖는다고 본다. 어느 것 하나 소중하지 않다고 말할 수 없고, 불필요한 행위라고 말할 수 없다. 그러나, '우수'라는 수식어를 붙이고자 하는 목적으로 국제협력 및 교류 행사 등을 바라본다면, 단순 초청 행사나 외유성 방문을 위한 표면적 행사 등은 배제할 수밖에 없다. 축제나 행사 초청, 초청간담회, 교류 청소년 초청 관광 프로그램 운영 등 단순 교류 행사보다는 스포츠산업 육성을 위한 청소년 친선대회, 문제 해결을 위한 정책 토론 및 프로젝트 개발 사업, 지역의 대표 상품을 활용한 판로 개척 교류회, 지역 산업 육성을 위한 기술 교류회 등 경제적 가치, 브랜드 가치, 연계 산업 발전 기여, 지속적 발전 가능성 등을 이뤄 낸 협력 사업 등에는 높은 점수를 주게 된다.

국제협력이 궁극적으로 추구해야 할 의미는 지속적 관계를 통해 상호 가치를 창출하고 서로에게 이익이 되는 활동을 영위하고자 하는 것에 있다고 할 수 있다.

▌ 국제협력의 의미는 공통 관심 분야 발전

이슈의 동일화이다. 국제협력이 의미가 있으려면, 일방적 주장이나 필요에 의해 추진되어서는 안 된다. 기본적으로 관심 분야가 같고, 필요가 있으며, 당면한 사안이 유사하고, 추구하는 방향까지 동일하다면 더할 나위 없는 좋은 국제협력이 될 것이고, 보다 돈독한 관계를 오래도록 유지할 수 있게 된다. 관심 분야, 사회적 현상, 당면 이슈 등에서 유사성을 찾아내는 것이 바로 의미를 찾는 일이다. 그 의미를 가지고 협력 상대 파트너와 커뮤니케이션을 시작한다면 국제협력의 시작이 너무나 즐겁고 행복한 일이 될 것이다.

▌ 국제협력의 의미는 상호협력적

정부 간 외교에는 상호호혜주의(Reciprocity)가 존재한다. 국가 간에 등가인 것을 교환하거나 동일한 행동을 취하는 주의를 말한다. 쉽게 말하면, 받는 대로 주고, 주는 만큼 받기를 기대하라는 것이다. 예를 들면 우리가 방문했을 때 그들의 초청 여비를 활용하여 초청을 했다면, 그들이 방문할 때 동일하게 우리의 초청 여비를 사용하여 영접해야 한다. 그들이 선물을 준비했다면, 우리도 비슷한 정도의 수준으로 준비를 한다. 협력 사업에서도 상대가 예산을 투자하면, 우리도 비슷한 수준의 예산으로 매칭을 하여 진행하는 것이다. 사람을 얼마나 투입을 하는가, 역할을 어떻게 나눌 것인가, 성과에 대한 분배도 협의를 통해 동일하게 진행하게 된다. 협력사업 관련 보도 자료 배포 시기도 상호 논의하여 동시에 노출되도록 해야 한다.

국제협력은 서로에게 영향을 미치는 일이며, 서로를 의지하는 일이기도 하다. 그 사이의 균형이 중요하다.

정리

1) 타당성을 담보한 행동이 힘을 갖는다
2) 의미를 생각하는 습관이 중요하다
3) 모두를 이해시키고 동참시킬 수 있는 힘은 의미에서
   나온다

7

Lonely Pioneer

가끔 뒤로 걸을 때가 있다
방향을 잃을까 봐…

국제협력은 해도 그만, 하지 않아도 그만인 일 이다??

기업에서 반드시 글로벌 마케팅을 하지 않아도 되는 곳도 많다. 국내 마케팅으로도 충분히 영위가 가능하기 때문이다. 지자체도 마찬가지이다. 국제협력은 법정 사무가 아니었기 때문에 더욱 그렇다. 기초자치단체일수록 대시민 정책이 많은 부분을 차지하고 있기 때문에, 우수 정책이라는 것은 결국 시민이 만족하고 행복해하면 되는 상황이었다. 굳이 국제기구나 해외 도시와 협력을 하지 않아도 괜찮다고 생각하는 부서가 많이 있다.

한 걸음 발전한 국제협력 사업은 시민의 국제적 경험 확장을 위해 추진하는 경우가 많았다. 지구촌 축제 개최, 해외 홈스테이 운영, 어학연수 기회 마련, 청소년 글로벌 체험 프로그램 등이다. 정책적으로는 타국이나 도시의 선진 사례를 학습하여 적용하는 것에 관심이 많았다. 그래서 해외 출장의 형태 중 벤치마킹이 활발했고, 이를 통해 배울 것이 많았다.

그러나 현재는 달라졌다. 벤치마킹을 위해 해외 출장 팀을 꾸려 나가 보면, 대부분 참가자로부터 "우리가 더 잘하는 것 같은데."라는 말을 많이 듣는다. 국가적 개발 시기를 보내고, 혁신을 이뤄 내면서 우리도 모르는 사이에 우리의 기술, 행정과 정책들의 수준이 높아져 있었다. 반면, 우리의 인식은

'우리는 아직도 여전히 부족하다.'라는 생각을 가지고 있다는 사실을 발견하게 된다. 우리가 아직 부족하기 때문에 적극적 보다는 소극적, 주는 것보다는 받는 것, 우리에게 도움이 되는 것으로 받아들이고 있다.

▌ 국제협력은 글로벌 브랜딩에 필요한 업무이다!!

국제협력에 대한 좁은 시각에서 벗어나야 한다. 필자는 국제협력은 글로벌 마케팅이며, 국제협력 담당자는 글로벌 마케터라고 말한다. 마케터는 상품을 가장 가치 있는 것으로 여기며 소개를 해야 한다. 장점을 부각시키고, 자부심을 가지고 당당하게 마케팅을 해야 설득력을 갖출 수 있다. 우리의 경험과 기술을 가치 있게 생각하고 국제사회에 자신감 있게 소개하고, 협력의 도구로 사용해야 한다.

공공 외교의 필요성을 살펴보면, 우리나라를 많이 알려 방문객, 관광객이 많이 찾아올 수 있도록 하는 것, 우리 브랜드를 많이 알려 우리 기술과 상품이 많이 판매되도록 하는 것, 우호적 파트너를 많이 만들어 협력하는 것 등이 있다. 국제기구를 유치하거나 국제회의, 엑스포 등 메가 이벤트를 유치할 때는 우리나라나 해당 도시를 알리기 위해 무던히 애를 쓴다. 유치 후 개최를 할 때도 외국인 참가자가 많이 참여하도록 해외 마케팅을 열심히 한다.

기업 측면에서 신상품이 개발되거나 기술이 개발되면, 산업박람회나 로드쇼를 통해 많은 글로벌 소비자에게 접근하여 알리는 역할을 한다.

이런 목적으로 국제 영역을 확대하고자 할 때 꾸준한 국제협력을 통해 일궈진 글로벌 브랜드는 매우 중요한 영향을 미친다. 국제협력은 국가와 도시, 기업의 영위를 위해 필요한 기반 활동이기 때문에 더욱 확대하고 장기적이고 거시적 관점으로 추진할 필요가 있다.

▍국제협력은 신뢰를 쌓는 일이다!

우리의 시각으로 우리의 기준으로 접근하는 국제 관계는 한계가 있다. 국제적 시각으로 공통의 기준에 맞춰 접근해야 한다. 나의 것을 단순히 알릴 목적이라면 전자도 가능하지만, 알리는 것으로 끝나지 않고, 상대로부터 인정을 받거나 신뢰를 쌓기 위해서는 후자를 선택해야 한다. 보다 정교하고 복잡한 관계 안에서 스스로를 준비시킴으로써 인정을 끌어내고, 신뢰를 쌓아 갈 수 있다.

> 국제협력은 보다 정교하고 복잡한 관계 안에서
> 인정을 끌어내고, 신뢰를 쌓아 가는 일이다.

쉬운 예가 떠오른다. UN 공공행정상이라는 것이 있다. 많은 정책 중 우수한 정책을 선정하여 상을 준다. 신청서를 제출해야 하는데, 수많은 질문에 대한 정량적, 정성적 답변을 일목요연하게 정리해야 한다. 신청서가 수십 장에 이른다. 작성을 위해 담당 부서는 없는 데이터도 만들어 내야 할 판이다. 우리 정책에 대해서 단순하게 '가지고 있는 자료를 잘 사용하여 나름대로 성과를 부각시켜 제출하면 되겠지.'라는 생각은 오산이다. 국제 어워드는 데이터를 기반으로 자세하게 평가하고 증명을 해야 하기 때문에 난감할 때가 많이 있다. 국제적인 상을 받기를 원하지만, 일이 많아지는 탓에 포기하는 경우도 있다. 이처럼, 국제 수준에서 인정을 받기 위해서는 우리의 패턴에서 벗어나 통용되는 수준으로 우리 스스로를 전환해야 한다.

신뢰를 쌓기 위해서는 의미 있는 발자국을 남겨야 한다. 국제사회에서 신뢰 표를 얻기 위해서는 앞으로의 계획도 중요하지만, 그동안 어떤 기여를 했는지, 어떤 의미 있는 행동들을 했는지도 중요하다. 필리핀은 민주주의 투표로 리더를 선출하지만 결과는 몇몇 가문의 후보자가 연이어 선출되곤 한다. 이는 그 가문이 가진 재력과 명성을 활용하여 지역사회에 꾸준히 투자를 하기 때문에 시민들은 지속적인 투자와 기여를 기대하면서 투표를 한다.

국제사회의 투표도 후보 국가나 도시, 기관이 어떤 일들을 해 왔는지, 어떤 영향력을 가졌는지, 신뢰할 만한지 등을 반드시 고려하기 때문에 국제사회에서 평상시에 꾸준한 협력적 관계를 형성하고, 신뢰를 쌓아 가는 일은 중요하다. 미래의 열매를 위해 씨를 뿌리고 물을 주고 가꾸는 시간이 무던히 필요하다.

신뢰 형성을 위한 국제협력이라는 것은 간단하다. 내 이익만 고집하지 않고, 나도 무슨 기여를 할 수 있을지 찾아서 그 일을 함께하면 된다. 정책 홍보만 할 것이 아니라, 정책을 활용해서 필요한 사람들을 위해 국제 프로젝트에 참여하는 것, 내 기업의 상품만 팔 것이 아니라, 사회적 필요를 채우기 위해 사회 공헌 활동 등을 추진하는 것이다. 이런 협력 활동을 위해서는 내부적으로 준비할 일도 많다. 투입해야 하는 자원과 노력도 많기 때문에 조직적 인식의 변화를 요구하는 동시에 추구하는 가치의 변화가 요구된다.

독보적인 협력을 위해서는 새로운 시도를 해야 한다

그렇기에 가이드가 없다. 그렇기에 고심하고 연구해야 한다. 스스로 검증을 하고 스스로 성공적 결과까지 도출하여 사람들에게 알려야 한다. 기존의 틀 안에서는 낯선 일이기 때문에 설득 과정을 수도 없이 거쳐야 한다. 일반 조직 안에서 이런 노력을 기울이기는 매우 어렵다. 기존의 틀 안에서 상급 기관이나 조직 내의 지침에 따라 주어진 일을 처리하기에도 바쁘다.

지침이 없는 상태에서 일을 해야 하기 때문에 어렵다. 그렇기에 환영받지 못한다. 필요성에 대해 인정받기도 어렵다. 그래서 외롭기도 하다. 외로운 것으로 끝나면 다행이다. 때로는 배척을 당하기도 한다. 개척을 하는 마음으로 걸어가다 보면 스스로도 의미를 잃고, 방향을 잃는 경우가 생기기도 한다. 내가 가는 길이 맞는지 자문하기도 하고, 포기를 하고 싶을 때도 만난다.

▌ 국제협력을 위해 한 걸음 더 나아가자

국제적으로 영향력 있는 협력을 위해서는 도전해야 한다. 경주(Race)에서 우승하는 선수는 나의 뒤를 따라오는 많은 선수가 있다는 것을 잊지 말아야 하듯, 홀로 달리는 것 같고, 동떨어져 있는 것 같고, 바람을 가르며 힘들게 달려야 하지만, 그 순간을 지혜롭게 잘 극복하고, 옳은 방향을 잘 찾아 달리는 것을 멈추지 않을 때, 내 손끝에서 혁신이 이뤄지게 되고, 글로벌 브랜드가 만들어지게 되는 것이다. 쓸데없는 우월감에 사로잡힐 필요도 없지만, 자멸할 필요는 더더욱 없다. 가끔 뒤로 걸어 보자. 숙명이다.

P.S. 이런 순간에 함께 뛰어 주는 사람은 인생의 동반자처럼 느껴지며, 뜻을 펼쳐 방향을 잡아 주고 힘을 실어 주는 리더는 구세주처럼 느껴진다.

정리

1) 국제협력은 원하는 바를 이룰 수 있는 전략이다
2) 국제협력을 통해 쌓은 신뢰가 원하는 바를 이뤄 준다
3) 국제적 신뢰, 독보적 브랜딩을 위해서는 꾸준한 노력이 필요하다
4) 새롭게 내딛는 한 걸음의 고독함은 숙명이다

Chapter 2

Mind Part

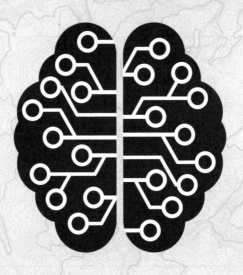

8

Mind

문화 수호 vs 글로벌화

글로벌 마인드라는 것은 사고의 방향을 바꾸는 것이다

적극적 사고와 행동을 기반으로, 세계인의 시각으로 그들이 생각하는 것처럼 생각하고, 그들이 원하는 것을 나도 원하게 되고, 그들이 관심 있는 것에 나도 관심을 두는 것이다. 지금 우리는 많은 접점을 통해 국제사회에 매우 가깝게 다가가 있다는 생각이 든다. 많이 아는 것도 중요하고, 이해하는 것도 중요하지만, 성공적인 국제협력을 위해서는 그들과 함께 사고하고, 그들의 사회 영역 안으로 들어가는 것이 가장 필요하다. 국제 비즈니스 영역에서나 정치적 영역에서 지속적인 관계를 통해 효과를 얻고자 한다면 표면적 관계를 벗어나 비전과 전략과 사고의 틀을 수정하여 그들의 연대 안으로 들어가야 한다.

언제까지나 이방인일 수 없다

우리는 근본적으로 언어적 한계를 가지고 있다. 한국적 사고방식은 서구적 사고방식과 많이 다르다. 역사적으로도 그렇지만 현대에도 유럽 사회나 아프리카 등지와의 밀접한 접점이 많지 않은 탓에 문화적/사회적 연대가 많이 이뤄지지 않았다. 이런 상황에서 우리의 마인드를 글로벌 관점으로 수 정해 가는 것은 모호하기도 하고 어렵기도 하다. 유학이나 이민을 통해 삶의 일부를 접목시켰다고 해서 반드시 되는 일도 아니다.

글로벌 마인드라는 것은 어떻게 함양할 수 있을까?

정확한 기준을 갖는 것이 첫 번째이다. '한국화'와 '국제화'를 구분하여 행동해야 한다. 국제화라는 말의 의미가 우리 문화의 훼손이나 왜곡, 잃어버리는 것이라고 오해하는 이는 없기를 바란다. 우리 문화의 우수성을 알리고 공감하게 하여, 보다 넓은 세계를 만들어 가는 것이 중요하다. 한국 문화의 자존심을 가지고 수호해 나가는 노력은 반드시 필요하다. 그러나, 모든 것을 '한국화'해야 한다는 부담감에서 벗어나야 한다. 문화적 교류, K-콘텐츠를 활용한 비즈니스 등을 위해서는 당연히 가장 한국적인 것이 좋을 수 있다. 그러나, 국제적 이슈를 다루거나 공통의 문제를 해결하기 위한 협력, 공존의 사회를 만들기 위한 노력을 기울일 때는, 그들의 상황과 생각을 먼저 파악한 후 우리의 생각을 더하거나 조정하거나 이해시키는 과정으로 이끌어 가는 자세가 중요하며, 글로벌 마인드의 기본이라고 할 수 있다.

둘째, 그들의 삶의 방식을 무조건적으로 수용하거나 비슷하게 살아가려는 노력에서 벗어나야 한다. 옛 기억을 떠올려 보면, 미국 제품, 이태리 제품은 무조건 좋은 제품으로 생각했었고, 삶의 방식도 멋있어 보였다. 서양식 음식이나 복식에 대한 동경도 있었고, 심지어 월마트나 CVS에서 파는 진통제나 건강 보조 식품들은 반드시 사 와야 하는 필수 아이템인 때도 있었다. 정책도 마찬가지였다. 해외 사례는 모두 우수한 것으로 생각했고, 국제기구에서 발간하는 정책서는 거의 바이블처럼 여겨졌던 시기도 있었다.

그러나 우리의 우수성과 탁월함이 어느덧 벤치마킹의 대상이 되었다. 이제는 주체적인 이해와 판단에 의해 수용을 해야 하는 상황에 이르게 된 것이다. 자존감과 주체적 수용이 중요하다.

셋째, 글로벌 마인드를 갖기 위해서는 접근 범위를 넓혀야 한다. 글로벌 문화, 생활, 종교, 식습관, 교육, 예술 등을 이해하는 것에서부터 사회적 이슈, 정치적 흐름, 정책적 상황 등에 대한 관심으로 확장시킬 필요가 있다.

넷째, 이기적인 성과만을 기대해서는 안 된다. 국제협력을 추진할 때, 우리의 목적에 집중하는 경우가 많다. 목적은 상호 발전에 두더라도 접근 방법이나 과정을 바라보는 시각이 국내적 시각인 경우도 많다. 국제 포럼을 준비할 때 서로 관심 있는 주제를 선정하는 것이 중요하다. 그러나 우리가 어떤 이야기를 하고 싶은지를 더 중요하게 생각하고, 그것을 나열하다 보면 맥락을 잃어버리는 경우가 있다. 교류를 통해 외국인 참가자를 많이 초청하여 국제 행사로서의 표면적 성과를 기대하는 경우도 있다. 외국 유명 연사 초청도 그들이 주는 인사이트보다도 행사의 격을 높이려는 수단으로 접근하는 경우는 놀랄 일이 아닐 정도로 흔하다.

유치를 할 때도 표를 많이 얻기 위한 전략으로 우리만의 생각대로 홍보하고 우리의 생각을 이해시켜, 우리가 원하는 방향대로 그들의 생각과 의사 결정을 바꿔 내겠다는 시도를 하곤 한다. 상대에 대한 이해를 우선적으로 하지 않고 우리만의 생각에 갇힌 행동이다. 이러한 시도로 인해 핵심을 공략하지 못하는 하수로 머물게 되는 상황이 벌어지고 만다. 바람직한 접근은 상대가 무엇을 중요시 여기는지 파악한 후 상대의 목적을 위해 우리가 무엇을 할 수 있는지를 어필하고 그에 맞는 맞춤형 제안을 하여 그들의 생각을 바꾸지 않고도 동의를 할 수 있도록 하는 유도하는 것이다.

▌ 유연한 전환과 정보의 흡수

국제협력을 수행하는 조직이나 담당자는 지금까지의 경험이나 시각에 의존하지 않는 것이 중요하다. 국제 업무 경험이 있다면, 더욱 본질을 이해하고 그 본질과 관련된 국제 현황, 이슈, 이해관계자들의 관심 등을 이해하고자 노력해야 한다. 국제 업무 경험이 없다면, 조직의 내부와 국내의 이슈에 집중했던 시각을 전환하여 외적 요인에 보다 집중하고 관심을 가짐으로써 국제적 이슈들이 익숙해지도록 빠르게 적응하는 노력이 필요하다. 국제회의 참가, 해외 도시 관계자들과 수시 대화, 해외 뉴스 검색, 국제 어워드 수상 우수 정책 등을 통해 국제사회에서 인정되는 기준과 개념을 잡는 것도 중요하다.

국제협력은 내 생각대로 접근하면 안 된다. 국제사회의 흐름에 생각을 맞추고, 그 기준대로 내 조직을 바라봐야 한다. 이를 통해 객관적 판단이 가능하며, 흐름을 읽고, 협력 포인트를 도출할 수 있게 된다. 이것이 바로 글로벌화이다.

정리

1) 글로벌화는 우리 것을 버린다는 뜻이 아니다
2) 한국 문화 요소는 독보적 외교 콘텐츠가 될 수 있다
3) 주체적 이해와 수용이 필요하며, 이기적인 성과만을 바라서는 안 된다
4) 국제적 흐름에 나의 시선을 맞추고, 내가 가진 콘텐츠를 바라보면 협력 포인트가 보인다

9

Understanding

이해와 공감

국제협력에서의 이해는 무조건적 수용과 공감이다

우리는 평소에 "이해는 하는데 공감은 못 하겠다."라는 말을 종종 하게 된다. 머리로는 이해하지만, 마음으로 동의하거나 받아들이지 못한다는 의미로, 결국 설득이 되지 못했다는 의미이다.

국제협력에서 이해(Understanding)는 무조건적 수용과 공감을 담보한다고 할 수 있다. 서로의 다름을 적극적으로 인정하고, 다른 부분을 이해하고 받아들이려고 노력하는 것이 국제협력에서의 옳은 자세이다. 다른 것은 틀린 것이 아니라 다를 뿐이라고 인지하고, 존중하는 것이다. 내가 상대를 적극적으로 수용하고, 상대도 나를 적극적으로 수용할 때 가장 좋은 관계가 될 수 있다.

서로 다른 문화를 이해할 필요가 있다

국제협력을 위해서 우선 다른 문화를 이해하고 많이 알아야 한다고 배워 왔다. 문화를 통해 정서를 이해할 수 있고, 언어와 습관을 통해 사고의 틀을 이해할 수 있기 때문이다. 조금 단순하게 생각하면, 우리와 다른 그들의 문화를 몰라 실수를 하거나, 불편을 끼치는 일을 하지 않을 수 있다. 그들의 문화를 활용하여 환대를 해 주면 환대 효과가 배가 되고, 좋은 관계로 발전할 수 있는 우호적 감정을 불러일으킬 수 있는 계기가 되기도 한다.

▎ 서로의 역사를 이해할 필요가 있다

우리나라도 역사적 과정에서 인접국과의 대립 관계, 한국전 당시 우리를 지원해 준 국가와의 혈맹 관계, 과거로부터 무역 등을 이어 왔던 경제 관계, 타국 왕족과의 혼인 관계로 맺어진 역사적 긴밀성, 국제 정치적 관계 등이 복잡 미묘하게 설정되어 있다. 역사적 이해를 통해 서로 간의 감정의 기초를 알 수 있을 뿐 아니라 협력의 의미를 찾아낼 수도 있다. 역사적 관계를 활용하여 교류를 한 사례도 있다. 춘천의 경우, 에티오피아 참전용사비를 기점으로 꾸준히 도시 협력을 이어 가고 있고, 봉화의 경우, 베트남 리 왕조가 마을을 형성하여 한국에 자리 잡았던 역사를 기준으로 베트남과의 긴밀한 협력을 통해 경제적 상호 발전을 도모하고 있다. 이런 종류의 협력이 지속적인 동력을 갖는 이유는 협력 파트너 간 역사적 이해를 기반으로 공감이 되는 가치와 의미를 공유했기 때문이다.

▌ 지역에 얽힌 국제 정세를 이해할 필요가 있다

국가 간 관계를 파악하여 의전에 반영하는 경우가 많다. 자치권과 민주주의 관련 중국과 홍콩, 정치적 대립과 독립을 둘러싼 중국과 대만, 카슈미르 지역의 영유권을 둘러싼 인도와 파키스탄, 전쟁 당사자인 러시아와 우크라이나, 이스라엘과 주변 국가, 이슬람 종교를 중심으로 사우디아라비아와 이란, 한국과 북한을 둘러싼 미국과 러시아, 일본과의 관계, 유럽 내 EU를 중심으로 국가들의 협력과 탈EU한 영국과의 관계, EU 관련 서유럽과 동유럽의 관계, 2차 세계대전 전후 보상 및 에너지 관련 독일과 폴란드, 오스만 제국부터 이어져 온 그리스와 튀르키예, 해안 경계선의 영유권과 해양자원 개발권 중심으로 케냐와 소말리아, 나일강 수자원을 둘러싼 에티오피아와 이집트의 갈등 등 해묵은 역사로부터 현재까지 이어지는 갈등이 존재하고 있다. 국제적으로 지역 기구를 통한 중재를 시도하고 있으며, 국제적 지원으로 중재와 분쟁 해결에 노력을 기울이고, 민간 차원의 비공식 외교를 통한 대화와 중재를 통해 갈등 회복의 노력을 활발히 기울이고 있다.

이와 같은 관계의 이해는 의전뿐 아니라 협력 그룹 조성 시에도 반영되고, 협력 사업 추진에 있어서도 영향을 미칠 수 있다는 것을 인식하고, 고려해야 한다.

▌ 국가 간 관계는 실무에도 영향을 미친다

관계에 따라 변하는 상황은 여러 갈래로 파생되므로, 국경 상황이 어떻게 흘러가고 있는지 늘 관심을 가지고 있어야 한다. 특히 해외 출장이 많은 국제협력 담당자들은 국가 간 현황을 늘 체크해야 한다. 국가 외교의 산물로서 시민에게 가장 직접적으로 영향을 주는 것이 국경 관계, 즉 사증 업무이다. 해외 출장을 준비할 때, 가장 먼저 알아야 하는 것이 비자 발급 필요 여부라고 해도 과언이 아니다.

협약에 의한 비자 협정은 대표적으로 셍겐(Schengeng)협약, EU 비자정책, 북미 자유이동협정, 아프리카 비자협정, 남미 및 카리브해 비자협정 등이 있다. 셍겐협약은 대부분 유럽 국가가 회원인데, 우리나라 대한민국 여권 소지자의 경우 최초 셍겐협약 회원국 입국 시에 한 번 출입국 관리를 통과하게 되고, 이후 다른 회원국 입국 시 더 이상 출입국 관리를 받지 않아도 되며, 최대 90일간 머물 수 있다. 최초 입국 시 입국 정보가 전체 셍겐협약 회원국과 공유되기 때문이다. 회원국 간 이동을 용이하게 하기 위한 제도로, 알아 두면 편리하다. 협정 외에도 국가 간 외교 관계에 의해 무비자 체류를 허가하기도 한다.

코로나19 팬데믹 기간을 지나면서 실시간으로 변화하는 국경 현황을 관심 있게 바라보고 상시 체크했던 기억이 있다. 국제적 이슈가 발생했을 때마다 국가 간 관계가 어떻게 변화하는지, 어떻게 응대해야 하는지에 대하여 늘 체크하는 것이 필요하다.

이처럼, 문화와 예술 등을 통한 사람에 대한 이해, 역사와 국제 관계를 통한 제도와 관계의 이해는 국제협력에 있어 기본적으로 업데이트되어야 하는 중요한 정보라 할 수 있으며, 그에 맞게 적절히 대응하는 것이 필요하다. 이해를 넘어 공감을 하고, 다름에서 가치를 창출하고 공유한다면, 끈끈한 파트너로서 오래도록 이어 갈 수 있는 관계로 승화될 것이다.

정리

1) 상호 관계와 역사에 대한 이해 필요
2) 문화적 이해는 물론이고, 이슈에 대한 입장 이해 필요
3) 이해를 넘어 공감할 때 가치가 창출되고, 지속적 파트너십 형성

10

Social Butterfly

사회적 'Alter Ego'가 필요한 순간

나는 어떤 스타일인가?

- 홀로 완벽하게! 연구자형 vs 팀과 함께 힘 모아! 협력형
- 사람들과 골고루! 인싸 vs 몇 사람과 조용히! 아싸
- 말 잘하는 스타일 vs 말수 적고 어색해하는 스타일
- 공유를 좋아하는 스타일 vs 간직을 좋아하는 스타일
- 다양한 정보 흡수형 vs 관심 정보 선택형

국제협력 업무는 어떤 형이 더 잘 어울릴까?

MBTI라는 심리 유형 검사는 우리 사회에 매우 친숙하다. 필자는 24년 전 처음 테스트를 했는데, I(Introvert, 내향적) 성향과 E(Extrovert, 외향적) 성향 간 1점의 근소한 차이로 I 성향이 이겼다. 그 후 1년이 지나 다시 테스트를 했을 때는 2점 차이로 E 성향이 우위를 차지했다. 24년이 지난 후 테스트를 다시 했을 때 9점의 큰 차이로 E 성향을 보였다. 스스로 판단하기에는 그동안 사회생활을 하면서 E 성향이 발달되었다고 생각한다. 사람들과 늘 만나 협업하는 일을 하다 보니, 나의 생각과 습관이 바뀌어 있었던 것이다.

사람들 사이에서 머무르다

지난 시간을 되돌아보면, 늘 사람들 사이에 있었던 것으로

회상이 된다. 많은 회의, 행사, 파티, 방문객, 많은 파트너와 관계자와 늘 함께였다.

소셜 네트워크(Social network)라는 아름다운 단어를 표현할 때는 늘 따라오는 단어가 있다. Social butterfly이다. 우리나라의 '인싸' 정도로 해석되는 슬랭(Slang)으로 활기차고 밝은 느낌이다. 사람들 사이에서 즐겁고 행복한 분위기를 만들어 내고 스스로 즐길 줄 아는 사람이다. 모든 사람에게 사랑을 받고 모든 사람이 환영한다. 네트워킹을 잘하고, 매력적이며, 카리스마 넘치는 모습도 있고, 에너지가 넘친다.

국제사회에서 협력을 일으키는 사람이 이런 모습을 갖추고 있다면 훨씬 용이하다. 경험적 판단이다. 사람과 사람을 잇고, 정책과 정책을 잇기 위해서는 사람에게 호감을 주고, 관계를 잘 구축하고, 환영받는 캐릭터라면 큰 도움이 된다. 국제협력은 능동적인 업무다. 수동적이거나 기다리기만 해서는 성과를 내기 어렵다. 찾아다니고 만들어 내야 하는데 성향에 따라 결과에서 차이가 나기도 한다.

하나 잊지 말아야 할 것이 있다. Social butterfly의 특징 중 한 가지 부족할 수 있는 것이 관계의 깊이다. 많은 사람과 잘 지내면서 더욱 깊이 사귈 수 있다면 더할 나위 없겠다. 쉬운 일은 아니지만, 서로의 관심 분야와 하는 일, 방향성, 특히 협력을 위한 구체적인 아이디어 등을 나눌 만큼의 관계를 유지하는 것이 반드시 필요하다. 국제협력에서의 관계를 명확히 이해해야 한다. 많은 사람과 함께하는 것에 익숙하되, 깊이 사귐을 잊지 말아야 한다.

▍ 국제사회도 경험과 인맥이 중요하다

우리나라는 인맥 중심의 사회라고 해도 과언이 아니다. 사회생활을 잘하려면 잘 어울려야 하고, 한때는 회식 자리에서 모든 사내 정치가 이뤄진다는 말이 있을 정도로 사람 간의 교류를 중요시했었다. 안면행정이라는 말이 있을 정도로 아는 사람 간의 연대를 통한 일 처리는 굉장히 용이하고 친화적이었다. 가족 및 인맥에 의한 취업도 많았다. 최근에는 투명 경영, 공정과 공평, 비리 척결 및 사회적 질타 등으로 많이 없어졌지만 모두 사라졌다고는 볼 수 없다.

국제사회에서도 인맥이 중요하다. 검증된 인맥이라는 점이 앞서 설명한 우리나라의 사례와는 다른 부분이다. '국제기구에 취업을 하기 위해서는 어떻게 준비해야 하는지'에 대해 질문을 많이 받는다. 국제기구 및 기관에서 사람을 뽑을 때는 해당 분야의 경험을 중요시한다. NGO나 관련 분야에서의 경험을 가지고 있는 사람을 대부분 채용하는데, 전문성을 활용하여 국제기구 프로젝트 등을 통해 협력했던 경험이 있는 사람으로서 이미 국제기구 내 인맥을 형성하고 있었던 사람이라면 더욱 좋은 위치에서 채용 프로세스를 거치는 경우가 많다. 유사한 경험을 통해 해당 분야에 대한 이해가 깊은 사람 역시 마찬가지다.

국제협력 프로젝트도 마찬가지이다. 프로젝트 수행에 있어 시행착오를 최대한 거치지 않기 위해서는 함께하는 사람들과의 시너지가 중요하므로, 이미 검증된 사람 중 최적의 사람을 찾을 수밖에 없다. 그러므로, 내가 그들 사이에 들어가야 한다. 그들과 공감하고, 이슈에 대한 전문성을 펼쳐 내고, 흐름에 참여하고, 도움이 되도록 지원한다면 협력의 기회는 자연스럽게 마련될 것으로 기대해도 좋다.

▌ 친구 같은 파트너, 마음을 나눈 파트너

사회에서 만난 파트너라 하더라도 친구가 될 수 있다. 마음을 나눌 수도 있다. 이런 관계의 사람들이라면 어떤 일이든 함께할 수 있고, 어떤 일이든 가능하다.

그런 소중한 파트너를 만들어 주는 것은 시간이다. 시간을 함께하면 된다. 많은 이야기를 나누고, 자주 안부를 묻고, 서로의 소식을 알리고, 공동의 주제를 가지고 함께 공유하고, 멀리 있지만 늘 가까이 있는 듯 소통하는 것이 첫 번째로 중요하다. 두 번째로 자주 만나도록 애를 써야 한다. 자주 만날수록 서로를 알아 갈 수 있다. 세 번째로 함께 고생하는 일을 만들어야 한다. 서로에게 의미 있는 일을 많이 만들어 내면 좋다. 준비하는 과정에서, 실행하는 과정에서, 마무리를 하는 과정에서 함께 어려운 시간을 보내면서 서로에게 신뢰가 쌓이고, 서로 의지하면서 좋은 관계로 거듭날 수 있을 것이다. 국제사회에서도 통한다.

돈독한 관계를 위해서는 작은 정을 나누는 것도 좋다. 필자는 글로벌 파트너와 만날 때, 좋은 아이템을 선정하여 선물을 하곤 한다. 마음이 전해지는 작은 것이어도 좋다. 어마어마한 선물이 아닐수록 좋다. 마스크팩, 페이셜 미스트, 핸드크림, 볼펜, 캐릭터 상품 등 작은 아이템들이다. 그러나 그것으로 시작되는 마음의 나눔과 여러 갈래로 이어지는 대화의 가치는 굉장히 크고, 비즈니스와 더불어 돈독한 관계로의 발전을 경험할 수 있다.

국제 업무는 사람이 하는 일이다. 시스템이 하는 일이 아니기 때문에 국제협력을 누가 리드하는가에 따라 결과는 크게 달라질 수 있다. 경험적 진리이다. 사람이 하는 일에 사람의 마음을 나눈다면, 좋은 관계와 긍정적 분위기에서 추진되는 일에 대한 결말이 성공적일 가능성은 훨씬 커진다는 것을 기억해야 한다.

의지적 Social Butterfly도 존재한다

'꿔다 놓은 보릿자루'라는 말이 있다. 네트워크 자리에서 나의 모습은 어떠한가 생각해 봐야 한다. 말 한마디를 못 하고 있지는 않은지, 사람들에게 다가가지 않고 한편에 홀로 서 있지는 않은지, 어울리고 싶지만 무슨 말을 할지 몰라 머뭇거리고 있지는 않은지, 사람들과 함께 있는 것이 나의 에너지를 잃는 일이라고 생각하고 있지는 않은지….

만일 그렇다면 나를 벗어나 사회적인 나를 한번 만들어 보는 것도 나쁘지 않다. 사회적 '또 다른 자아(Alter Ego)'가 필요한 순간이다.

국제사회에서 전문성만큼이나 필요로 하는 것이 사람과의 관계이다. 전문성을 갖춘 따뜻하고 에너지가 넘치며, 사람들이 좋아하는 사람을 롤 모델로 정해 보자. 나의 본성을 벗어난 또 다른 나를 경험해 보는 것이다.

정리

1) 국제협력은 관계 맺기부터 시작이다
2) 좋은 이미지에 전문성을 갖춘다면 최상의 조건
3) 국제관계는 노력으로 가능하다

11

Etiquette

의전은 기술이 아닌 마음

▌ 의전의 재해석

의전이란 외교부에 따르면, 타인에 대한 상식과 배려를 바탕으로, 공식 행사에서 개인 및 국가가 지켜야 할 일련의 규범을 뜻하며, 각종 행사 진행을 매끄럽게 하여 최선의 성과를 얻도록 하는 윤활유의 역할을 한다고 정의한다.

흔히 의전이라는 것은 태극기를 어느 쪽에 놓고, 주빈과 외빈의 위치는 어떻게 설정하고, 차량 탑승 위치나 걸어가는 위치, 인사는 어떻게 하고, 식사는 어떻게 하고, 무엇을 접대하며, 어떤 순서로 진행을 하는지 등 표면적으로 챙겨야 하는 요인으로 인식하고, 또한 학습한다. 그러나 의전은 '매끄럽게' 진행되도록 하여 '최선의 성과'를 얻도록 하는 도구라는 것, 업무의 범위를 한정하지 않고 필요한 모든 일이라는 의미로 해석할 수 있다.

국제 행사에는 많은 종류가 있다. 모든 행사장에서 주빈과 외빈에 대해 정해진 것들을 지키는 일은 반드시 필요하다. 여기서 반드시 인식해야 하는 것은 의전은 사람에 대하여 수행하는 행위라는 것이다. 이에 필자는 모든 외빈이 전체 일정상 물리적, 심리적 불편함이 없도록 꼼꼼하고 세심하게 챙기는 일이라고 재정의하고 싶다.

> 의전이란 모든 중요한 사람이 전체 일정상 물리적,
> 심리적 불편함이 없도록 꼼꼼하고 세심하게 챙기는
> 일이라고 재정의한다.

의전은 첫 커뮤니케이션부터 마지막 시점까지 전체를 아울러 수행되어야 한다.

▌ 국제 행사에 초청된 외빈의 전지적 시점

외빈의 시점으로 순서대로 설명을 해 보고자 한다.

먼저 초청과 의사 타진 과정이다. 주로 이메일을 통해 연락을 취하는 경우가 많다. 이때, 이메일 쓰기 전략이 들어간다. 부르는 말을 어떻게 할지, 이야기의 전개는 어떻게 해야 할지, 구체적이고 명확한 문장으로 취지와 배경, 목적을 설명해야 한다. 특히, 초청 이유를 매력적으로 적을 필요가 있다. 행사의 취지와 초청자의 무엇이 매칭이 되어 초청하게 되었는지를 설명하는 부분으로 의사 결정에 영향을 미치는 중요한 내용이다. 후속 커뮤니케이션 방법과 관련 정보를 포함하고, 부드러운 태도로 연락을 독려하는 것도 필요하다.

다음은 초청자에게 보내는 안내이다. 초청자에 따라 안내는 다르게 되어야 한다. 행사의 개요는 같지만, 해당 초청자마다 안내 내용이 다를 수밖에 없음을 기억하고, 개별적인 체크가 필요하다. 이를테면, 연사, 토론자, 주제별 발제자, 동반자가 있는 참가자의 경우 역할, 일정, 알아야 할 내용 등이 다르다. 각자에게 전달되어야 할 내용들을 꼼꼼히 체크하여 누락되지 않게, 서로 바뀌지 않게 잘 전달될 수 있는 언어로 작성해야 한다.

그다음은 입국 영접 절차이다. 사전 안내가 중요하다. 출발 전 짐(Suitcase)을 챙길 때부터 궁금할 내용을 미리 알리는 것이다. 비행기에서 내려 누구를 어떻게 만나 어떤 절차를 거쳐 호텔로 이동할 것인지에 대해 정보를 공유한다. 현장에서는 일반 입국, 브리지 영접, CIQ(Customs, Immigration, Quarantine) 영접 등 외빈의 급에 맞춰 차질 없이 준비하고, 도착 비행 일정에 따라 수송에 문제가 없도록, 리에종의 역할과 태도까지 챙긴다. 누락되는 인원이 없도록 꼼꼼히 챙겨야 한다.

이동 중에는, 탑승 차량에 해당 인원이 올바르게 탑승할 수 있도록 지원하고, 핵심 그룹과 수행 그룹의 구분, 효율적 동선 설정 및 안전한 인솔이 중요하다. 차량별 통역과 안전요원 배치까지 체크하여 유연하게 처리한다.

호텔 도착 시, 준비된 룸 키 전달과 짐 체크 등이 원활히 진행될 수 있도록 준비한다. 이후 진행될 일정이나 인지해야 할 주요 내용에 대하여 문서를 따로 준비하여 리에종이나 담당 직원을 통해 잘 전달될 수 있도록 하며, 필요시 구체적 설명도 동반할 수 있다.

오·만찬을 위해서도 식사의 기호를 파악하고, 테이블에 함께할 호스트와 게스트의 특징을 파악하여 공통의 대화 주제가 있을 수 있도록 유도하는 것도 중요하고, 상호 관계를 파악하여 자리 배치에 신경을 쓰도록 해야 한다. 예로, 즐거운 공연을 겸비한 만찬의 자리에 러시아 정상과 우크라이나 정상을 나란히 앉히는 것은 바람직하지 않다. 문화의 이해에서도 나눴듯, 초청자의 문화, 관계 등을 고려하여 반영하는 것이 좋다.

행사장 사전 체크도 의전이다. 외빈에게 어떠한 불편이나 사고를 허용치 않도록 철저한 준비가 필요한 영역이다. 현장의 동선을 직접 돌아보면서 누락된 것, 미끄럼 여부, 무대나 계단의 흔들림 여부, 마무리 상태, 위험 물질 및 위험 요소 확인 등을 직접 해야 한다. 특히 무대에 서 보는 것과 VIP 자리에 직접 앉아 보는 것을 빼놓지 말아야 한다. 포디움 앞에서 모니터가 보이지 않을 수도 있고, 조명이 시야를 방해

할 수도 있고, VIP 의자에 압정이 있을 수도 있고, 테이블이 불편하게 배치되어 있을 수도 있다. 외빈의 입장에서 외빈의 시각으로 행사장을 바라보는 것은 필수이다. 의전은 예상치 못한 상황을 빨리 해결하거나 그런 상황에서 최선의 보호를 하는 것이 아니라, 예상치 못한 사고가 생기지 않도록 미연에 방지하는 것이다. 행사장의 국기 배치, 자리 배치, 식순 등은 의전 원칙에 따라 틀림없이 처리하는 것 또한 외빈 입장에서는 만족스럽고 자연스러운 행사의 흐름으로 받아들여질 것이다.

훌륭한 의전의 포인트는 외빈 입장에서 궁금한 것이 없도록, 불안하지 않고, 불편하지 않도록, 안전하도록 하는 것이 기본이다. 이에 준비된 모든 상황을 전달하는 것이 중요하며, 보좌관들과의 커뮤니케이션에 있어서도 현장에서 직접 수행할 담당을 정확히 안내받아 구체적으로 소통할 수 있도록 하는 노력이 필요하다.

▌ 편안한 의전의 포인트

과하게 행동하지 않기
예의를 갖추되 따뜻함을 잃지 않기
상황에 자연스럽게 대처하여 편안함 주기

꼼꼼하게 체크하여 사태 발생을 미연에 방지하기
개인 비서 역할의 느낌으로 케어하기
표정과 감정 관리에 능숙하여 안정감을 전달하기
행사 전체를 머릿속으로 기억하기

"사람과 사람이 만나는 일에 사람에 대하여 예의를 다하고 배려하는 것이 의전의 시작이다."라는 것을 잊지 않는다면 훌륭한 의전이 될 것이다.

정리

1) 사람에 대한 예의와 배려가 의전의 시작이다
2) 적절한 의전이라는 것은 사람을 대하는 태도이고, 환대의 마음을 표현하는 방법이다

12

System

갇힐 것인가, 깰 것인가
그것이 문제

갇힐 필요가 있는 국제협력 시스템

국제 관계에도 지켜야 할 규칙이 있다. 국제사회의 규칙은 관행적인 부분이 많다. 기관의 특성과 기관 간 관계를 잘 이해하면 어떻게 행동해야 하는지 답이 나온다. 구조를 잘 이해하고 입장에 맞는 행동을 적절히 수행하는 것이 중요하다.

첫째, 자격에 맞는 활동, 시스템 내 공식적 채널을 통한 추진

정부는 주권국가라면 모든 활동에서 정당한 권리와 권한을 가진 주체로서 국제 관계를 맺을 수 있으며, 모든 국가는 동등한 주체로서 대등한 입장에서 교류를 추진한다. 국제 연합체인 UN 및 UN 산하기관은 정부를 회원으로 하는 정부 간 기구로서 정부가 권한을 가지고 참여한다. 정부 간 기구라 하더라도 특정 국가를 회원으로 포함하는 국제기구와는 초청을 기반으로 활동할 수 있다. G2, G5, G7, G8, G20 등 소수 해당 국가가 활동하는 기구, EU(유럽연합), ASEAN(동남아시아국가연합), NATO(북대서양조약기구), OAU(아프리카연합), GCC(걸프협력회의), ASEM(아시아유럽정상회의) 등 대표적 지역 기구 및 그룹별 정상회담이 있다. 회원이 아닌 국가가 참여하기 위해서는 의제, 현안 등 특별한 이유에 따른 초청이 필요하다.

「공공외교법」아래 지방자치단체도 도시 외교를 활발히 추진할 수 있다. 지방자치단체 간 자매도시, 우호 도시의 관계를 맺고 지속적이고 긴밀한 협력을 추진하고, 해외 기관과의 협력을 통해 정책의 글로벌화 및 사회 문화적 발전을 꾀하고 있다. 세계 지방자치단체의 유엔(UN)이라 불리는 약 25만 개 지방자치단체를 회원으로 보유한 UCLG, 인구 100만 이상 도시들의 연합 METROPOLIS, 자치단체 국제환경협의회(現 지속 가능성을 위한 지방정부협의체) ICLEI, C40(도시 기후리더십 그룹), CITYNET(시티넷) 등의 도시 간 국제기구들과 수십여 개에 이르는 시장단 포럼(Mayor's Forum) 등을 통해 주요 정책과 당면 현안들을 해결하기 위한 다자협력을 추진한다.

도시가 정부 간 기구와의 협력을 할 때는 회원인 정부와 동반하여 참석이 가능하며, 회원 자격은 가질 수 없다. 그래서 정부 간 국제기구가 개최하는 회의를 유치하고자 할 때, 지자체가 단독으로 유치전에 뛰어들 수 없고, 투표권을 행사할 수도 없다. 다만, 주요 이슈를 상호 공유하거나 특별한 협력적 관계 형성이 가능하다면 직접 협력은 가능하다. 반대로, 정부는 도시 간 국제기구 활동에 거의 참여하지 않는다. 특별한 협력이 필요한 상황이거나 의미 있는 행사의 유치 및 개최를 위해서는 협력하는 경우도 있다. 최근, UN은 지속 가능한 발전 목표 달성과 기후변화협약의 효과적인 이행의 주요한 행위자로 도시를 인정하고, 도시의 목소리를 듣고, 전략을 함께 논의하고, 실천력을 높이기 위해 협업하는 경우가 많아지고 있다.

민간도 공공 외교의 주요한 이해관계자이다. 문화, 교육, 예술 등 다양한 콘텐츠를 활용하여 해외 기관 및 학교, 지역과 공동 행사를 추진하거나, 가치를 공유하고 알리는 일들을 한다. 각국 문화원이나 해외 주재 한국문화원과 주로 협력하며 대사관, 지역 간 협력 재단 등과의 네트워크를 적극적으로 활용하기도 한다.

이렇게, 구조적으로 기관별 입장과 위치를 이해하고 적절한 협력적 관계를 유지하는 것이 필요하다.

둘째, 해외 출장 준비도 프로세스가 있다

재외공관에 보내는 공식 연락은 외교부를 통해 하도록 한다. 기초 지자체라면 상위 광역 단체를 통해 외교부에 연락을 취하도록 되어 있지만, 최근에는 직접 연락을 하는 경우가 많다. 여러 가지 목적을 가지고 재외공관으로 직접 연락을 취하는 경우도 많으며, 상호 커뮤니케이션의 진행 상황에 따라 적절하게 필요한 문서를 활용하기도 한다.

타국 정부나 도시로의 연락은 직접 한다. 주제와 목적에 따라 상호 협의를 하고, 방문이나 접견, 시찰 등에 대한 프로그램을 구성한다. 이렇게 마련된 출장이 실행될 시점에 해당 국가에 주재하는 공관에 방문을 알리는 절차를 거치면 된다. 단체장의 방문에 대해서는 공관에서 알아야 할 뿐만 아니라, 예기치 않게 발생할 수 있는 현지 상황에 적절히 대처하기 위해서라도 필요한 절차이다. 코로나19 팬데믹 시기에는 반드시 알려야 했으며, 재외공관에서도 방문자들의 안전에 대하여 수시로 체크를 했었다.

▌ 깨야 하는 기존의 시스템

첫째, 생각의 틀을 깨야 한다

국제협력 추진은 우리나라 내에서만 이뤄지는 협력과는 다르므로 국제협력적 시각을 가질 필요가 있다. 우리의 궁극적인 목표는 많은 협력을 지속적으로 이어 가는 것이다. 국가 단위에서는 부처별 분야가 분명하기 때문에, 협력의 주제별로 해당 부처를 중심으로 협약 체결 및 실행을 한다. 그러나 도시 단위에서 협력을 할 때는 도시의 경제 발전, 문화의 교류, 정책적 상호 발전을 위한 우호 협력을 포괄적으로 맺고, 협력이 필요한 모든 분야에서 협력을 하게 된다. 한 번의 협약으로 어떤 분야든 협력이 가능하다. 실행도 도시 내에서 소화해야 한다. 그래서 국제협력 부서는 도시 행정 전반의 정책, 당면 과제, 국제적으로 관심을 많이 갖고 있는 정책 등을 파악하여 협력 소재를 발굴하게 된다.

역으로, 협력 대상으로부터 협력 요청을 받기도 한다. 한 도시로부터 교통과 여성 정책, 다른 도시로부터 환경과 도시 재생 정책, 또 다른 도시로부터 문화 예술과 다문화 정책 등 분야가 다양하다. 축제를 공동으로 개최해야 할 때도 있고, 코로나19 시기에는 온라인으로 지식 공유 포럼을 개최하고, 온라인 바둑대회, 온라인 투어, 자동차 영화제 등 다양한 사업들을 추진해야 했다. 모든 일의 추진을 위해서 국제협력 부서는 각 부서와 공동 운영, IT 전문가, 영화 보급사, 바둑 전문가 및 심판 등 협력을 위한 유연성이 필요했다.

중요한 것은 부서와 영역을 넘나드는 협력이다. 지금까지 주어진 업무만을 단독으로 추진했다면, 국제협력을 위해서는 이 틀을 깨야 한다. 효과적인 국제협력을 위해서는 부서별 벽을 허물고, 분야와 조직을 넘어 팀워크가 필요하다. 팀워크에 있어서는 효율적 커뮤니케이션이 가장 필요하다. 국제협력 담당은 중간에서 조정과 중재, 기획과 관리를 맡는다. 해외 파트너와 협의를 잘 하고, 결과를 정책 부서에 잘 전달하고 지원하여 최선의 콘텐츠를 만들어 내는 역할을 한다. 각 부서는 협의 결과를 바탕으로 사업을 추진하고, 추진 내용을 정리하는 일을 맡는다. 다시 국제협력 담당은 협력 과정 및 결과, 향후 협력 방향 등을 정리하게 된다. 이런 협력 체계는 기존의 틀을 깨는 혁신적 업무 구조이다. 그리고 공동 협력 프로젝트를 위해 필요한 새로운 일들을 적극적으로 추진해야 한다. 협업이 잘 이뤄지지 않으면, 국제협력이 제대로 이뤄질 수 없다. 통합적 협력과 새로운 시도를 위해 기존의 생각의 틀을 깨야 한다.

둘째, 루틴의 틀을 깨야 한다

국제협력을 추진한다는 것은 익숙하지 않은 일을 할 기회가 많아진다는 것을 뜻한다. 국제사회에서 인정받기 위해서 보다 혁신적인 일을 해야 한다. 혁신은 가치를 만들어 내는 일이다. 새로운 시도와 도전을 두려워하면 안 된다.

가이드에 의존하는 습관을 버려야 한다. 법치 사회에 사는 우리는 법이 정한 대로 규칙과 기준에 맞게 모든 업무를 추진하는 것이 당연하다. 중앙정부는 법과 행정 지침을 만들고, 지자체는 가이드를 따라 실행한다. 조직 내에서도 많은 내용을 취합, 관리하기 위해 문서 양식을 반드시 지켜야 하는 것이 일상이다. 학계에서 논문을 쓸 때도 양식에 맞지 않으면 통과하기 어렵다. 기업에서도 많은 문서의 기준이 정해져 있어 그에 따르지 않으면 문서수정을 요구받는다. 사회적 약속이 있는 것은 당연하다.

그러나 이로 기인된 문제는, 가이드나 양식 없이는 각자의 생각대로 보다 독보적인 내용을 펼쳐 내기 어려워하고, 시도조차 하지 않는다는 것이다. 틀 안에서 정해진 범위 내에서 사고를 하고, 그것을 벗어나면 잘못된 일이라고 생각을 굳혀 버려 창의적인 생각을 저해하는 경우가 생긴다는 것이다.

국제 업무는 루틴에서 벗어나는 일이 많다. 온라인 회의를 하려 해도 시간대가 달라 업무 시간을 벗어나 회의를 할 수밖에 없는 것을 시작으로, 독보적인 협력을 위해서는 아무도 하지 않은 일, 아무도 가지 않은 길을 발굴하고 찾아가는 일들이 발생하게 된다. 이 과정에서 루틴이란 있을 수 없다. 이럴 때 우리에게 필요한 것은 용기와 도전이다. 의미를 알고 가치를 발견했다면, 새로이 이끌어 나가는 힘이 용기이고, 그것을 향해 달려가는 힘이 도전이다.

새로움이라는 것은 받아들이는 사람마다 그 수위가 다를 것이다. 배척하기보다 받아들이고, 루틴을 깨는 노력을 한다면, 더욱 의미 있는 글로벌 혁신을 이뤄 낼 수 있을 것이라 확신한다.

정리

1) 급과 격에 맞는 업무 처리는 필수

2) 공식 채널을 이용한 업무 처리 필수

3) 생각의 전환 없는 혁신은 없다

4) 업무적 관행을 깨는 것은 힘들지만 깨지 않으면 국제
   협력이 힘들다

13

Self-investment

제2회차 인생 수업료

자신을 위한 투자는 가치를 창출해 내기 위한 사전 준비로서 목적을 가지고 수행되는 물질적, 시간적, 감정적 노력의 투입을 의미한다. 목적 달성을 위한 정확한 필요 요인을 파악하고 꾸준한 노력을 기울이는 전략이 필요하다.

국제사회에서 성공적 협력 활동에 필요한 요인을 획득하는 일은 시간과 노력이 많이 소요된다. 여러 요인 중 사람과의 관계에 필요한 능력을 가장 우선순위에 둘 수 있다. 관계 속에서 가치를 만들어 내기 위한 개발이라고 할 수 있다.

▎ 소셜 애니멀의 사회성, 사교성

사회성의 학술적 정의는 '사회적 성숙, 타인과 원만하게 상호작용하는 능력, 다양한 사람과 긍정적 관계를 형성하는 능력'을 말하며, 관계를 유지하는 능력을 의미한다. 사회성은 관행, 예절, 호감을 주는 기술에 대한 지식, 비호감을 주는 언행에 대한 지식 등 지식적인 부분 외에도 타인의 감정을 파악하는 눈치, 인성과 성품 등 수많은 요소를 포함한다. 개인에 의해 좌우되는 문제이다. 사회성은 사회적 기본 지식, 상식을 배웠다고 자연적으로 향상되는 것은 아니다. 그러나 지식과 상식을 기반으로 상황 속에서 판단을 할 수 있고, 좋은 결정을 할 수 있는 방향으로 사회성이 발전될 수 있기 때문에, 사회적 상식, 통념, 문화, 개념은 사회성의 기본

틀이 된다.

사교성은 친화력(Sociability)이라고 이해할 수도 있다. 상호 협력적 관계를 맺기 용이한 기술이며, 유대감을 강화시키고 소속감을 형성시키는 능력이다.

내가 속한 사회에 대한 익숙함과 친밀감은 반드시 필요하다. 생활 속에서 축적되는 느낌과 센스, 유대감, 소속감은 시간과 노력을 필요로 한다. 책이나 인터넷에서 배우는 것과는 차원적으로 다르게, 경험을 기반으로 성장하는 요인이다.

▎ 파트너

친구 같은 파트너, 마음을 나눈 파트너의 의미와 가치는 아무리 반복을 해도 부족하다. 문제는 그런 친구를 갖기 위해서는 많은 시간을 함께 호흡을 맞추며, 나름의 노력이 필요하다는 것이다. 사람을 좋아하고, 늘 약속이 많다고 얻어지는 것이 아님을 기억하고, 섬세하게 교류하고, 진심을 다해 대화하는 노력이 필요하다.

▎ 경험

경험이 전혀 없는 것과 단 한 번의 경험 사이에는 천지간의 차이를 만든다. 두 번의 경험은 보는 눈을 길러 주고, 세 번의 경험은 전체를 이해하게 하며, 네 번의 경험은 생각을 하게 해 주고, 다섯 번의 경험은 비판을 하게 하고, 그 이상의 경험을 통해 전략적 대안을 제시하도록 해 준다. 성장이 빠른 사람이라면 한두 번의 경험으로도 새로운 생각을 해낼 수 있다.

중요한 것은 경험을 축적하는 것이다. 기회가 주어지든 주어지지 않든, 또는 상황이 허락하든 허락하지 않든 최선을 다해 경험의 기회를 만들어 내야 한다. 어떠한 경험을 위해 시간을 투자한다는 것은, 그 일에 대한 신중한 숙고의 시간을 가져야 한다는 의미이다. 많은 할 일을 처리할 때 우선순위를 선별하고, 사전 준비를 하고, 투자된 시간을 효율적으로 사용하기 위해 행동의 범위와 기준을 마련한 후, 열심히 수행하는 것과 마찬가지이다. 한 번의 경험으로도 느낄 수 있는 하늘과 땅의 차이를 경험해 보자.

▎ 커뮤니케이션

일상에서 어떤 대화를 주로 하는지 스스로 생각해 본 적이 있는지 묻고 싶다. 국제 관계에서 좋은 커뮤니케이션이라고 한다면

첫째, 완곡 표현

무례한 표현을 선택하지 않는 것은 기본이다. 예의를 갖춰 말하는 것에 더해서, 좀 더 완곡하게 표현하면 부드럽게 접근하게 되어 훨씬 좋다. 배려하면서도 정확하게 전달된 뜻을 이해한다면 기꺼이 따르고 싶은 마음이 들게 된다.

둘째, 포용과 수용적 문구로 대화 시작

상대의 의견에 대하여 즉각적으로 반박하거나 틀렸다고 말하는 것은 좋지 않다. 다양한 배경을 가진 사람들의 다양한 의견에 대하여 어느 것은 맞고 어느 것은 틀렸다고 말하는 것은 불가능하다고 생각하면 된다. 새롭고 신선한 관점과 의견에 대하여 포용하고 인정하는 것이 먼저이고, 그다음으로 나의 생각을 개진해 나가는 것이다. 상대와 상대의 의견에 대한 예의는 필수적으로 지켜 나가자.

셋째, 일방적 전달이나 강요보다 중재와 조정

국제회의에서 의장의 역할이 중요하다는 것을 매번 느낀다. 가끔 의장이 답답하게 보일 때도 있다. 그 이유는 감정이 없는 듯한 표정으로 많은 의견 사이에서 균형을 잡아 가는 모습 때문이다. 특히, 합의가 도출되지 않는 상황에서 때로는 격하거나 과한 표현 또는 비논리적이거나 이기적인 의견들에 대해서라면 한마디 따끔하게 지도를 해도 좋으련만,

무리 없이 대화가 이어질 수 있도록 끝까지 중립의 위치에서 조정한다.

어색한 사례일 수 있으나, 강아지 사회에서도 좋은 예가 있다. 강아지들 사이에서 싸움이 났을 때, 조용히 그 둘 사이를 파고들어 서 있는 아이가 있다. 싸움을 말리는 의미이다. 그 아이는 굉장히 사회화 교육이 잘 되어 있고, 감정이 안정적이고 성격이 좋은 성숙한 아이로 평가된다.

중재는 성숙한 인격체가 할 수 있는 커뮤니케이션이라 표현하고 싶다.

넷째, 공감의 태도는 상대의 마음을 여는 매직

공감 능력은 감성적 여유에서 나온다고 판단된다. 내 생각만으로 가득 채우는 것이 아니라 타인의 것을 수용할 수 있는 마음의 공간을 마련하고, 나의 감정과 생각을 상대에게 맞춰 같은 감정과 생각을 가져 보도록 노력하는 것이다. 말의 배경, 왜 이와 같은 이야기를 하는지를 이해하면 공감 가능성이 커진다. 상대의 지식적 배경, 사고의 과정, 관심 분야, 성향 등 많은 부분을 알아 갈수록, 공감을 통해 상대의 마음이 열리는 매직을 경험할 수 있을 것이다.

다섯째, 비언어적 소통

표정, 제스처, 암묵적 동의, 맥락상 추구하는 바 등을 알아

챌 수 있어야 한다. 많은 사람과 많은 상황에서 대화를 나누면서 축적할 수 있는 경험적 센스이다. 대화 집중도, 문화적 이해, 상호 관계에 대한 이해, 화자의 습관, 처한 입장 등에 대한 이해도 행간 읽기에 도움을 준다. 어떤 경우이든, 누구와의 대화이든 가볍게 여기는 일은 없도록 하며, 한 마디, 한 순간을 활용하여 좋은 관계를 맺어 가는 좋은 습관을 얻도록 해 보자.

여섯째, 언어

외국어 실력은 두말하면 잔소리이다. 원어민 발음이 아니어도 관계없다. 지식과 지혜를 공유하고, 서로 공감하고, 같은 생각을 가지고 같은 일을 해낼 만큼의 내용을 충분히 전달할 수 있는 실력이면 된다.

국제기구와 기관, 도시 등과 국제협력을 하면서 필요한 언어 스킬을 꼽아 보자면, 다음과 같다.

회의 진행, 주제 발표, 토론 기술, 브리핑, 프레젠테이션

내가 주로 구사하고 있는 언어가 일상 대화인지, 비즈니스 대화인지, 스토리텔링인지, 학문적 대화인지 파악한 후 국제협력에 필요한 상황을 적용시켜 준비하면 좋다.

▌ 이미지 메이킹

소중한 글로벌 친구들에게 들은 이야기이다.

아름답지만 고급스럽지 않은 사람이 많다고 한다.
스마트하지만 예의를 갖추지 않은 사람이 많다고 한다.
화려하지만 품격이 없는 사람이 많다고 한다.
말을 잘하지만 감동이 없는 사람이 많다고 한다.

나의 이미지와 모습이 어떤지 스스로도 모를 때가 많다.
이제부터 알아보자.

정리

1) 국제사회에서의 성공적인 협력을 위해 필요한 역량을
갖추는 것은 시간과 노력 싸움
2) 지금의 나로 만족할 수 있는가, 재조정이 필요한가를
알아내는 것부터 시작
3) 내면의 성장에 노력

14

Detail & Finalizing

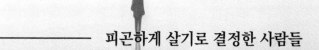

──────────── 피곤하게 살기로 결정한 사람들

▌ 디테일 배틀

국제협력을 추진할 때는 신경을 집중해야 하는 일이 많이 있다. 의미적으로도 중요하고, 많은 사람에게 알려지는 일이기 때문이기도 하다. 더욱 중요한 이유는 내가 하는 일이 국격을 나타내는 일, 도시를 대표하는 일, 나의 가치를 보이는 일이라 생각하기 때문이다. 그래서, 내가 할 수 있는 꼼꼼함을 모두 불태워 완벽한 결과를 만들어 내기 위해 노력한다. 피곤한 삶이 아닐 수 없다. 그러나 그렇게 살기로 결정하고 나면 즐겁기도 하고 나의 특권같이 느껴지는 때도 있다. 결과로 인정을 받을 수 있다면 그 결정이 행복한 결정이 되는 것이다.

'오타 찾기' 배틀, '어디까지 해 봤니' 배틀 등을 즐겨 하곤 한다. 꼼꼼히 체크하고 디테일한 기획이 익숙한 사람들에게 완벽을 기하기 위한 노력은 자부심이자 도전이다.

재미있는 일화들이 있다.

야외무대에서 공연을 해야 하는 행사였다. 특별 초청된 아프리카 공연단은 맨발로 춤을 추며 연주를 한다. 맨발이 걱정되어 현장을 준비하던 중에 나도 신발과 양말을 벗고 맨발로 무대의 모든 면을 밟았다. 우려한 대로 못, 뾰족한 나무

파편, 고정 핀 등의 무대 목공 작업 잔여물 등이 한 주먹이 될 만큼 남아 있었다. 그냥 두었더라면 특별 초청된 누군가의 발에 상처를 남겼을 것을 생각하니 아찔했다.

내가 아주 좋아하는 파트너가 있다. 한국에서 맛본 믹스 커피를 매우 좋아하는 인물이다. 함께 행사를 하는 동안 어떻게 하면 의미를 더할 수 있을까 고민하다가, 그의 중식 식탁에 믹스 커피를 등장시켰다. 한국에서부터 가져간 텀블러와 믹스 커피를 활용하여, 이른 아침부터 물을 끓여 맛있는 비율로 준비한 따뜻한 커피를, 그는 도시락과 함께 마실 수 있었다. 함께 식사를 하면서 나의 노력을 신나게 어필하였고, 우리는 더욱 돈독한 사이가 되었다.

출장을 갈 때마다 선물을 준비하느라 고민이 된다. 거의 특산물이나 한국적 디자인이 들어간 사무용품 등을 주로 준비한다. 자개 제품이나 부채, 그림뿐만 아니라 방짜 유기 식기 세트, 찻잔 등을 고급스럽게 준비하기도 한다. 인삼이나 홍삼, 각종 차 등도 인기 아이템이다. 그런데, 된장을 포장해 본 적이 있는가? 검은 반도체로 유명한 김을 선물로 포장하기 시작한 건 십수 년 전부터이다. 한국을 경험해 본 글로벌 친구를 위해 오랫동안 구매하지 못한 선호 제품을 가는 길에 준비해 갈 수 있도록 준비했다. 기러기 한 쌍을 보자기에 정성스레 준비해 본 적도 있다. 늘 함께 출장을 다닌다는 부부에게 더 좋은 관계를 위해 준비했다. 선물 준비는 은근히 신경이 많이 쓰이는 일이다. 특별함을 더해 보는 센스도 발휘해 보기로 한다.

꼼꼼 본능을 발휘해 본다면 선물 리스트를 작성하는 것이다. 어떤 선물을 구비하고 있는지, 몇 개가 제공되었고 남아 있는지를 확인하는 출납 장부를 말하는 것이 아니다. 누구에게, 무엇을, 언제, 무슨 일로 전달했는지를 구체적으로 적는 것이다. 한 번 만나고 교류가 없는 사람들이라면 상관이 없다. 그러나 지속적으로 교류 관계에 있는 사람들이라면 이야기가 다르다. 한정된 선물 아이템 중에서 중복해서 전달되는 일을 방지할 필요가 있다. 선물은 마음을 담아 전하는 것이므로 소홀함이 묻어나거나, 일상적으로 하는 듯한 인상을 주는 것은 좋지 않다.

끝까지 마음을 실어 보자. 한번은 현장 설명회를 위한 기념품을 제작할 때가 기억이 난다. 도시의 멋진 풍경이 인쇄된 손수건을 준비했다. 얇은 면에 인쇄를 하는 것이기 때문에 색감이나 선이나 이미지가 부정확할 수도 있고, 원하는 느낌이 안 나올 수 있는 것은 당연한 이야기였다. 그러나 원하는 퀄리티를 위해 얼마나 수정을 외쳤는지 모른다. 옆 팀

직원이 보다 못해 '못 말린다'며 고개를 저을 정도였다. 완벽하지는 않았으나 받는 사람의 입장에서 이미지를 보며 감동하고 소장할 만한 정도의 예쁨은 보존했다고 자부하고 있다.

1년을 보내려면 수많은 준비를 필요로 했다. 평균 네 번 정도의 순방, 두 번 정도의 사업 출장, 20여 차례의 국제지식공유포럼, 매해 개최되는 팀 주관의 글로벌 축제, 국제기구와의 협력 교류 등을 완료해야만 1년을 보낼 수 있었다. 연말연시 제야의 종소리를 사무실에서 뉴스를 통해 들으면서 새해를 맞은 일도 빈번하다. 매년 수십 번씩 국제 행사를 기획할 때마다 반드시 준비해야 하는 것이 있다. 바로 분초 단위로 체크된 운영 체크리스트이다. 준비 과정부터 현장 운영까지 모든 내용을 포함하고, 항목별 진행 사항과 체크할 사항, 담당자별 역할, 이슈, 기타 모든 내용을 적어 놓은 자료이다. 동시다발적으로 업무가 이루어져야 하는 현장에서 잘 정리된 체크리스트는 기획자가 전체를 준비하고, 완벽하게 운영할 수 있도록 돕는 도구이다. 정신이 없고 바쁠 때는 머리를 믿으면 안 되고, 꼼꼼히 기록된 계획에 의존하여 몸을 움직여야 실수가 없다. 현장에서의 머리는 예상하지 못했던 긴급적으로 발생하는 상황에 대처하기 위해 비워 놓아야 한다.

적당히 하라는 자아의 외침에 귀 기울이지 않고 할 수 있는 만큼 끝까지 꼼꼼히 챙기는 습관은 하루아침에 이루어지지 않는다. 이 또한 시간을 들여 학습해야 할 소중한 요소이다.

정리

1) 디테일에서 실패하면 아마추어
2) 꼼꼼하려면 신경을 많이 써야 하고 피곤하지만 그렇게 살기로 결정
3) 구멍을 메울 수 있는 꼼꼼한 체크리스트와 메모는 필수
4) 바쁠수록 발은 빨리, 생각은 한 걸음씩

Chapter 3

Skill Part

15

My Strength

———————————— 데이터 기반 강점 분석 및 이해

▌ 국제협력의 중요한 스킬은 '분석'

국제 수준에서 펼칠 수 있는 나의 강점은 무엇일까? 매우 궁금한 부분이다. 어떤 강점, 어떤 정책이 국제사회에서 인정받을 수 있을까? 매우 궁금하다. 글로벌 마인드 측면에서 바라보면 답이 나온다. 몇 가지 특징을 도출하여 알아보자.

▌ 국제적으로 인정받는 정책, 아이디어는

첫째, 혁신적이어야 한다

혁신적이라는 것은 기존의 행동이나 방법에 한 가지를 더하여 가장 효율적이고 효과적인 방법을 만들어 내는 것이다. 그 한 가지는 기술이어도 좋고, 정책, 콘셉트, 방법론, 실천적 아이디어 등 뭐든 좋다. 전혀 새롭지 않아도 괜찮다. 더나은 결과를 가져올 수 있는 것이라면 괜찮다.

둘째, 국제사회의 니즈를 만족시키는 것이 좋다

잘 들여다보면, 흐름이 보인다. 흐름에 발맞출 수 있거나, 흐름에서 한 걸음 더 나아갈 수 있도록 하는 것이 니즈인데, 니즈를 우리가 가진 정책이나 아이디어로 만족시킬 수 있다면 그것으로 가치를 만들어 낼 수 있다.

셋째, 남들이 하지 않았던 시도라면 좋다

국제적으로 영감을 불어넣어 주고, 새로운 동기가 될 수 있는 접근이라면 좋다. 트렌드를 리드할 수 있다는 것은 어떤 무엇보다도 강한 브랜딩이 된다. 공직자라면 개인이나 기업인보다 남들이 하지 않았던 시도를 하는 것이 현실적으로 무척 어려운 일일 수 있다. 새로운 시도보다 안정적으로 수행하는 것이 습관이 되어 있기 때문이다. 선례가 없는 상황에서, 스스로 길을 만들어 간다는 것은 조직의 성격과도 맞지 않다고 느낄 수 있다. 그러나 그렇지 않다. 국제 업무는 사람이 중요하다. 담당자의 창의성과 도전정신, 마인드가 있다면 시작할 수 있다. 조직의 우수한 자산이 있다면 그것을 활용하여 국제적 흐름으로 만들어 내는 일은 굉장히 뿌듯하고 대단한 일임을 기억하자.

넷째, 데이터를 기반으로 해야 한다

가장 핵심적 요건이다. 좋은 성과는 말로 설명되지 않는다. 그것을 증명할 수 있는 데이터가 축적되어 있어야 한다. 앞서 예를 들었듯, 어워드 신청도 배경, 목적, 내용, 효과 등을 데이터를 포함한 문서로 증명해야 한다. 항목별로 포함되어야 하는 내용은 굉장히 방대하다. 영향 평가 등을 통해 검증된 효과, 시민 조사를 통한 만족도, 가시적 효과의 정량적 근거를 포함해야 한다.

해외 도시나 기관 등과 지식 공유를 할 때도 마찬가지이다. 개발도상국과 지식 교류를 하다 보면, 우리나라의 10~20년 전 정책에 대해 배우고자 하는 경우가 굉장히 많다. 이때 필요한 것은 데이터이다. 20년 전의 사업 계획, 조직, 예산, 캠페인, 거버넌스, 시민 협력, 당면했던 문제점과 해결 과정, 그리고 해결 방안, 그 정책으로 인해 현재까지 미친 영향 등에 대한 분석 자료 등이 필요하다.

모든 내용이 포함된 지식이 공유되어야 상호 만족도가 높아지고, 정책 수출이 가능하다. 사업을 실제로 추진했던 과거 담당자들을 수소문하여 지혜를 공유하고, 자료들을 찾아내어 데이터화에 노력을 기울였던 시기가 떠오른다.

▌글로벌 역량 분석 기준

첫째, 나에게 전문성이 있는가?

전공 분야나 지금까지 해 왔던 커리어는 중요하다. 국제적 활동을 위해 필요한 전공 분야는 매우 다양하다. 조직 운영에 필요한 모든 기능이 국제사회에서도 필요하다고 생각하면 쉽다. 주요한 분야는 UN 조직도를 보면 된다. 국제기구가 생긴다는 것은 해당 이슈가 중요하게 다뤄지고 있다는 이야기가 된다. 가장 최근에 생긴 국제기구로는 유엔환경계획

(UNEP) 총회 결의에 의해 창립된 종다양성과학기구(IPBES)와 녹색기후기금(GCF)이 있다. 환경과 기후변화 관련 기구로, 제목만 보아도 어떤 분야의 전문가들이 많이 채용되는지 예측이 가능하다. 어떤 전공이든 국제사회에서 역량을 펼쳐낼 수 있지만, 국제기구나 공공 분야에서의 국제협력을 추구한다면 국제기구들의 흐름을 면밀히 살펴보면 도움이 될 것이다. 어떤 특징을 가진 사람들이 나의 파트너인지 파악이 된다면 접근이 더욱 용이하다.

둘째, 나만의 특장점이 있는가?

면접을 준비하거나 자기계발을 고민할 때, 이 질문을 스스로에게 많이 하게 된다. 글로벌 분야에서는 더 심각하게 고민을 해야 한다. 전 세계 사람들과 경쟁해야 한다는 일종의 압박 때문이다. 스스로의 일에 자부심이 있다면 탁월성을 찾아 국제협력을 일으키고 성공적 추진을 꿈꿀 수 있기를 바란다.

셋째, 그들의 리그에 들어갈 만큼 그 사회를 아는가?

국제협력을 하기 위해서는 협력할 대상에 대해서 잘 파악하는 것이 중요하다. 그 파악을 위해서는 그들의 조직과 사회를 자세히 들여다보아야 한다. 내부 이야기를 들을 수 있는 가까운 파트너십을 맺는 것이 중요하고, 서로의 니즈에 대해 이야기할 수 있을 만큼 관계를 맺어 가는 것이 중요하다. 대외적 명분을 파악하고, 내부적 필요를 동시에 파악하면, 그 틈으로 들어갈 수 있다.

넷째, 그들이 필요한 것을 내가 제공할 수 있는가?

틈을 찾았다면, 그 틈을 채울 수 있는 콘텐츠를 내가 가지고 있는가를 판단하는 것이 중요하다. 그것을 찾아내는 것이 가장 중요하다.

다섯째, 나에게 인간적 매력이 있는가?

국제 업무는 결국 사람이 하는 일이라고 했다. 우리나라에서 네트워크가 중요하듯 국제사회도 마찬가지이다. 신뢰를 바탕으로 한 관계가 중요한데, 그 신뢰를 쌓기 전에는 나의 인간적 매력을 활용하여 관계를 이어 가야 하는 과정이 분명히 있다. 좋은 이미지를 기반으로 맺어진 관계에 신뢰를 쌓기 위해서는 업무 능력으로 승부를 보는 것이다.

여섯째, 적절한 커뮤니케이션을 할 수 있는가?

커뮤니케이션의 중요성은 무한정 강조하고 싶다. 듣고 파악하고, 이해하고, 사고하고, 생각을 정리하여 정확하게 전달함으로써 결국 서로의 생각을 맞추고, 나의 생각을 이해시키고 설득시키는 과정은 아름답고 치열하다. 탁월한 커뮤니케이션을 통해 벌어지는 어마어마한 일들을 생각하면, 할 수 있는 한 높은 수준에 이를 필요가 있는 역량이다. 나의 생각을 우선하지 않고, 감정을 우선하지 않으며, 상대의 입장과 생각을 빠르게 파악하고 배려와 존중으로 응대를 하는 것이 기술이다. 또한, 적절한 언어로 분위기를 잘 맞추거나, 명확한 뜻을 전달하는 기술은 고급 기술이다.

일곱째, 상황에 맞게 관계를 적절히 이어 갈 수 있는가?

비즈니스적 관계는 개인적 관계와는 분명히 다르다. 나의 입장을 잘 알고, 해야 할 일과 하지 말아야 할 일을 구분하는 것은 기본이다. 여러 가지 상황에 따라 적절하게 대응하는 것은 더욱 중요하다. 조직적 상하 관계이자 파트너인 관계에서의 행동, 공동의 목표를 가지고 협력하는 파트너이자 스폰서인 관계에서의 행동, 처음 비즈니스를 시작했지만 깊은 이해와 공감을 표해야 하는 자리에서의 행동, 장유유서가 미덕인 문화에서 자란 사람이 나이가 많은 파트너를 대하는 적절한 행동, 공식적 자리와 비공식적 자리의 갭을 적절히 대처하는 행동 등 많은 어려운 경우가 닥친다. 모든 사람과 좋은 관계를 만들어 가는 것은 욕심일지 모르나 이치에 맞는 한 불가능한 일은 아니다.

정리

1) 내가 가진 강점에 대한 명확한 파악과 이해 필요

2) 데이터화가 가장 중요

3) 전문 역량 필요

4) 부딪치고 경험하기

16

Matching & Connectivity

———————————— 강점과 필요의 연결

▎국제협력은 '다리' 역할을 하는 것

국제협력은 지역과 지역을 연결하고, 사람과 사람을 연결하고, 기관과 기관을 연결한다. 목적과 전략을 연결하고, 비즈니스와 비즈니스를 연결하고, 프로젝트와 펀드를 연결하고, 비전으로부터 행동을 연결한다.

▎최근 국제협력은 정책과 정책을 연결하는 경우가 많다

다자개발은행(MDB, Multilateral Development Bank)의 경우, 각국 분담금과 신탁(Trust Fund)을 통해 모인 자금을 활용하여 개발도상국의 초기 개발을 지원하거나, 위기 극복을 돕는 일들을 한다. 개발도상국의 개발을 돕기 위해 선진 사례와 매칭을 함으로써 초기 개발 시행착오를 줄이고, 지식 공유 및 기술 교육 등을 통해 현지 적응을 효율적으로 도움으로써 효과적으로 프로젝트가 추진되도록 한다. 여타 국제기구의 경우에도, 해당 국제기구의 주요 이슈와 관련된 세계의 흐름에 따라 각 이해관계자들과의 시너지를 지향하고, 상호 협력적 관계를 통해 문제를 해결한다. 이런 배경으로 국제기구 근무자들은 세계의 많은 정책에 대한 정보에 밝아야 할 뿐 아니라, 어떤 포인트에서 정책적 시너지가 도출될지를 잘 판단하고 적용할 수 있는 능력이 요구된다.

국제협력 담당자도 마찬가지다. 자신이나 조직의 강점을 분석했다면, 해외 도시들이 어떤 문제점을 가지고 있는지, 어떤 해결책이 도움이 될지에 관하여 지속적으로 관심을 가지고 탐색하면서, 협력에 대한 가능성을 열어 두고 네트워크를 확대해 나갈 필요가 있다.

▌ 국제협력은 사람과 사람의 연결이 중요하다

공동 협력을 추진하기 위해서는 여러 방면에 뛰어난 인재들이 필요하다. 협력 분야가 넓고 깊을수록 다양한 분야의 전문가가 필요하기 때문이다. 탁월한 능력을 가지고 있는 인재를 적절하게 배치하여 협력하는 능력은 프로젝트를 리드하는 일에 필요한 능력이다. 해당 프로젝트의 목적과 방향성에 따른 확신, 리더십도 필요하며, 리더로서 신뢰는 기본적으로 갖춰져 있어야 한다.

매칭은 매칭 목적에 대한 명확한 파악과 참여 대상자에 대한 깊은 이해를 바탕으로 한다. 표면적 이해를 넘어 내포되어 있는 진실, 배경 및 상황, 흐름, 둘러싸고 있는 이슈와 쟁점, 이해관계자 간의 이견 및 관계 등을 모두 포함한 이해를 말한다. 이런 이해를 갖기 위해서는 그 관계 가운데로 직접 들어가 보고 느끼는 것이 가장 빠른 지름길이다.

매칭은 맞춰 가는 과정이 중요하다. 사람 사이의 매칭은 서로의 생각을 맞추고, 비전을 맞추고, 능력과 기술을 맞춘다. 국제사회의 가장 큰 특징은 다양성이다. 인종, 종교, 문화, 언어, 생활환경, 신체적 특징, 사고방식 등 너무나 다양하다. 관건은 앞서 나열된 차이를 아는 것에서 끝나지 않는다. 중요한 개념이 있다. DEI[Diversity(다양성), Equity(형평성), Inclusion(포용성)]는 다양성을 인정하고, 동일한 인격체로 인정하며, 모든 다양성을 포용하는 자세를 강조하고 있다. 그리고 지구상 모든 사람이 사회 속에서 녹아들어 그들이 원하는 것을 자유롭게 영위하며 살아갈 수 있는 시스템을 만드는 것을 중심에 두고 있다. 국제협력적 측면에서는 더욱 DEI 개념이 필요하다는 것을 느낀다. 인종과 문화가 다양한 것이 오히려 자연스럽다.

반대로 아시아 도시와의 협력을 싫어하는 아시아 사람들을 만난 적도 있다. 아시아계는 우리와 외모가 크게 다르지 않아 외국인으로 보이지 않는다는 희한한 이유 때문이다. 도저히 이해할 수 없는 역차별적이고 기형적 마인드라고밖에 말할 수 없다. 서로를 존중하는 가운데, 전문성을 인정하고 상호 협력의 목적을 가장 최우선으로 하여 협력하는 성숙함이 필요하다.

▋ 국제협력은 지역과 지역을 연결하는 일이다

도시의 상황과 당면 과제의 특징, 도시의 방향성과 지향점을 기준으로 협력 가능성을 타진하는 과정이 중요하다. 조사를 통해 정보를 취합하고, 지역 전문가를 통해 조언을 들을 수도 있다. 직접 방문을 하여 현지 상황을 상세히 들을 수도 있고, 필요한 바에 대하여 토론을 할 수도 있다. 사전 탐색을 통해 얻은 결과를 활용하여 지역 간 시너지를 기대할 수 있는 정책적 결정을 할 수 있어야 한다.

▋ 국제협력은 비전으로부터 행동을 연결할 때, 그것이 성공의 핵심이다

국제협력의 목적은 지구적 평화와 안정, 고른 발전과 모든 세계 시민이 모두 행복한 환경을 만드는 것이다.

No one left behind

2000년을 새롭게 맞이하면서 UN은 새천년 개발 목표 (MDGs, Millenium Development Goals)를 설정하고 2015년

까지 목표 달성을 위해 노력을 기울여 왔고, 2015년 지속적인 개발을 이어 가고자 하는 노력으로 지속 가능 개발 목표(SDGs, Sustainable Development Goals)를 설정하고 현재까지 노력을 기울이고 있다. 17개의 주제를 정하고, 분야별 세부 목표를 정하여 전 세계적 실천을 독려하고 있는 중이다. 2015년은 UN 기후변화협약 UNFCCC 당사국들에 의한 파리협약(Paris Agreement)이 체결되었던 중요한 해이기도 하다. 기후변화로 인한 지구적 위기를 제지하기 위한 협약으로 선진국에만 온실가스 감축 의무를 부여했던 교토의정서와는 달리 195개 당사국 모두에게 의무를 부여하는 첫 기후 합의이다. 모든 국가가 산업화 이전 대비 지구 평균 기온 상승을 섭씨 1.5도 이하로 제한하기 위해 지구적 노력을 기울이기로 한 것이다. 이 모든 약속에서 중요한 것은 실천력이다. 노력을 위해 얼마나 노력을 기울이며, 그 결과가 얼마나 세계를 변화시킬 것인가에 대한 것이다. 목표 달성을 위해 행동을 변화시키기 위한 NGO도 생겨나고 있다.

결국, 행동의 변화는 행동하는 개인의 가치를 공동의 목적에 일치시키고, 그에 필요한 능력을 고양시켜 함께 노력해 나갈 때 가능한 것이다. 기후변화가 심각하고 우리 삶에 직접적 영향을 미치고 있지만, 기후변화가 나의 삶과 어떤 관계가 있는지 깨닫지 못하거나, 안전한 나의 삶을 위해 기후변화 이슈에 적극적으로 참여해야 하는 이유를 찾지 못하는 경우가 많다. 개인의 삶과 국제적 이슈를 연결시키고, 함께 노력하는 과정에서 국제협력 파트의 역할이 필요하다.

▌ 국제협력은 프로젝트와 펀드를 연결한다

국가 간 프로젝트, 도시 간 프로젝트는 많은 예산을 필요로 한다. 어느 정도 규모의 교류 사업은 조직에서 보유하고 있는 예산으로 가능하겠지만, 기후변화 방지를 위한 노력 등의 경우는 지구적 노력이 필요한 과제이다. 모든 국가 내에서 사회 시스템의 전환, 교육의 전환, 모든 탄소 발자국을 줄이기 위한 교통과 수송, 주거, 음식과 건강, 의류, 레저 등 생활 전반에 걸쳐 많은 부분의 전환이 필요하기 때문이다. 이에, 손실과 피해 기금(Loss and Damage Fund)이 제28차 기후변화당사국총회 COP28의 의제였고, 녹색기금이 COP29의 의제가 될 정도로 중요한 문제이다. 녹색기금(Green Fund), 기후기금(Climate Fund) 등의 이름으로 많은 자금이 탄소시장(Carbon Market)에 모이고 있다.

개발도상국의 도시 개발 프로젝트의 경우도 많은 예산이 필요하다. 이때를 위해 월드뱅크(WB), 아시아개발은행(ADB), 유럽개발은행(EBRD), 미주개발은행(IDB), 아프리카개발은행(AfDB)과 같은 다자개발은행은 회원국 분담금, 신탁기금 등을 통해 자금을 마련하고 있다. 국가는 국제협력을 통해 자금을 마련하게 된다. 국제협력 프로젝트로 정부 간 지식 공유, 기술 전파, 개발 사업 직접 참여 등을 추진 시, 국제기구나 국제기금과 매칭하여 추진하는 경우도 많이 있다. 국제적 협력은 의미 있는 결실을 맺기 위해 필요한 펀드를 일으키고, 매칭하는 노력이 반드시 필요하다.

국제협력에 대한 나의 강점과 국제적 니즈를 연결한다

개인적 커리어에도 중요한 요소이다. '나(또는 우리 조직)의 무엇을 국제적 측면에서 확장시켜 나갈 수 있을까?'라는 질문에 대하여 방향을 잡았다면, 협력 상대인 국제기구나 국제기관의 여러 가지 측면과 매칭 시뮬레이션을 해 보는 과정을 거치면 도움이 된다. 사전 분석 과정으로 보면 좋을 것이다. 상대 기관에 무조건적으로 나를 맞추는 것도 불리하고, 내게 맞는 국제기구나 기관을 일방적으로 찾아내기도 쉬운 일이 아니다. 접점을 찾아내는 것이 가장 중요한 기술이다.

정리

1) 나의 강점과 상대의 필요를 매칭하는 것이 전략
2) 상황, 흐름, 이슈, 쟁점 등 다방면의 분석 필요

17

Creative Innovation

—————————— 혁신의 시작은 듣는 것부터

국제적으로 인정받기 위한 가장 좋은 방법은 '혁신'이다

혁신적인 것은 새로운 것이어야 한다. 완전히 새로워도 좋다. 그러나 현실적으로 완전히 새롭기도 쉽지 않다. 조금의 변화라 해도 괜찮다. 기존의 행동이나 방법에 한 가지를 더하여 보다 나은 무엇을 찾아내는 것이다. 그 한 가지는 모든 영역에서 발견될 수 있다.

중요한 차이는 가치를 더하는 것이다. 새롭지만 가치가 창출되지 않는 것은 혁신적이지 않다. 기존의 것에서 조금의 변화를 주더라도 나은 가치를 만들어 낸다면 혁신적이라고 할 수 있다.

가치는 보다 좋은 것, 사람들이 원했던 것, 필요했던 것, 보다 만족을 주는 것, 많은 사람에게 인정되는 것 등이다. 가치를 더하기 위해서는 무엇을 필요로 하는지, 무엇을 원하는지, 어떤 것이 좋은지, 만족을 줄 수 있는 것은 무엇인지, 많은 사람이 공통적으로 생각하고 있는 개선 사항이 무엇인지를 알아내는 것부터 시작이다.

▌ 혁신적 가치 창출의 시작은 '듣는 것'이다

현황과 필요에 대해서 듣고, 들은 것을 기반으로 비전과 목표를 정하는 것이다. 그리고 비전과 목표 달성을 위해 필요한 모든 일을 정리하고, 문제점과 개선점, 보완점 등을 추려 구체적인 계획을 추진해 나가는 것이다.

듣는 것은 매우 중요하다. 대부분의 경우, 현재 필요한 것이 무엇인지 물었을 때 대답을 즉시 못 한다. 문제가 무엇인지 물었을 때 당장 눈에 보이는 문제들은 답할 수 있겠지만, 전체를 바라보고 궁극적인 목표를 생각했을 때 발생할 문제와 필요한 솔루션을 파악하는 습관이 부족하다.

듣는 과정에서도 스킬이 필요하다. 먼저, 목표를 세우도록 하는 것이다. 목표는 명확해야 하고, 목표 달성 시기를 정하는 것이 중요하다. 그리고 그 목표로부터 역순으로 계산하여 할 일, 즉 과제를 도출해 내도록 하는 것이다. 실행 과제의 실천을 생각할 때 도전 과제, 문제점도 역시 도출할 수 있다. 도출된 도전 과제나 문제점을 해결하기 위해 필요한 아이디어, 기술, 정책 등이 바로 '필요(Needs)'가 되는 것이다. 이런 과정을 거쳐 니즈를 들을 수 있게 되고, 니즈를 만족시키기 위한 혁신은 시작된다. 혁신적 가치 창출을 위해 혁신적 듣기가 필요하다.

혁신적 추진은 도전적(Daring) 행동이다

점진적(Incremental) 추진이 혁신을 불러오기는 어렵다. 대부분의 경우, 단계별로 한 걸음 한 걸음 나아간다. 문제점 하나가 도출하면 하나를 해결하고, 기술 개발이 되면 해당되는 부분의 개선을 이루곤 한다. 그러나 점진적 방법은 현재의 문제점과 한계에 보다 집중할 수밖에 없어 궁극적 목표를 바라볼 때 갈 길이 너무 멀게 느껴지거나, 불가능하게 느껴지도록 만들기도 한다. 전체를 보지 못하고 부분을 보게 되며, 이해관계자들에게 비전을 주지 못하고, 미시적 시각으로 단기적 성과에 집중할 수밖에 없게 된다.

점진적 추진의 예를 자동차 산업의 기후 대응 사례에서 찾아보자. 휘발유나 디젤을 연료로 사용하는 엔진을 장착한 내연기관 자동차의 탄소 배출 문제를 해결하기 위한 혁신으로 전기 자동차를 생산하였다. 이런 노력은 필요하고, 산업 측면에서 당연하기도 하다. 그러나 궁극적으로 기후변화 대응에 얼마나 영향을 주고 있는가의 측면에서 생각해 보면, '전기 자동차가 지구적 기후변화를 막을 수 있는 가장 전략적이고 도전적인 대안인가?'라는 질문에 대해서는 고개를 갸우뚱하게 된다. 자동차의 연료 전환을 넘어 생산 공정에서 배출되는 탄소는 얼마나 줄이고 있는가. 배터리 생산을 위해 사용되는 소재로부터 발생하는 탄소 역시 배제되고 있다. 배터리 충전을 위해 사용되는 전기에너지 생산방식에 대해서도 배제되어 있다. 전기 충전소를 추가적으로 마련하는 과정에서의 배출량도 논의 대상이다. 하나의 문제를 해결하기 위해 한 단계 진보한 해결 방안은 하나의 문제 해결에 좋을 수는 있으나, 또 다른 문제를 발생시키거나, 부분적 해결 방안이 될 가능성이 크다.

▌ 목표를 정했다면 도전적 행보가 필요하다

포괄적(Wholistic) 접근이 필요하다. 거시적 시각으로 전략을 짜는 것이다. 자동차 산업을 다시 예를 들어, 보다 도전적인 접근 방법을 생각한다면, 공동체의 궁극적 탄소 중립을 위해 자동차 사용을 줄일 수 있는 방법을 고안하는 것이다. 자동차 없는 구역을 설정하고 마을 밖 공동 주차장을 마련하여 필요시 주차를 하도록 하며, 마을 내에서는 자전거 또는 걸어서 필요한 생활을 할 수 있는 생활권역을 구성하는 것이다. 궁극의 목표를 위한 혁신이라는 것은 하나의 문제를 해결하기 위해 다른 문제를 만들어 내는 솔루션은 배제하게 된다. 최선의 방법을 적극적으로 찾아내고, 국제적으로 우수한 사례를 통해 해결하고자 글로벌 사회에 눈을 돌려 적극적인 도움을 구한다. 문제 해결에 집중하되 목적 지향적인 접근을 하기 때문에, 협력하는 사람들과 비전을 공유할 수 있으며, 그 비전으로 함께 노력하는 협력 공동체로 발전하게 된다.

가장 본질에 가까운 솔루션을 도출하고, 그것을 위해 비전을 공유하고, 필요를 만족시키기 위해 공동체가 함께 노력하는 것이 혁신적 추진이며, 비전 기반, 필요 기반의 추진 전략이다. 국제적으로 통용되는 혁신의 개념이 우리가 추진하는 국제협력에 직접적으로 적용되어 탁월한 결과 도출까지 이어지기 위해서는 혁신적 사고의 전환이 필요하고, 시스템의 재고안 스킬이 필요하다.

정리

1) 혁신은 가치 창출이 핵심임
2) 혁신은 궁극적 목적으로부터 현재로의 역산 (Backcasting)으로 가능하고, 필요한 솔루션을 적극적으로 찾아내는 것임
3) 혁신의 완성은 도전적이고 포괄적인 행동에 있음

18

Chance

———————————— 기회는 원하는 만큼 만들어진다

사과는 내 입으로 절대 떨어지지 않는다

국제사회에서의 성장과 발전은 나 하기에 달렸다. 기회를 기다릴 것인가, 만들어 낼 것인가. 기회는 기다리기만 하면 절대 오지 않는다. 자동적으로 만들어지지도 않는다. 다른 사람이 만들어 주는 것도 한계가 있다. 기회가 만들어져서 나에게 오는 경우도 있지만, 극히 드물다. 나에게 맞는 기회는 내가 만들어 내야 한다. 문제는 '국제적 브랜딩과 성장, 발전을 얼마나 원하는가'이다. '얼마나 능동적인가'이다. '생각의 틀을 바꾸고, 접근의 방법을 바꿔낼 수 있는가'가 문제이다.

시스템의 재고안(Reinvention)으로 기회도 만들 수 있다

시스템은 사고방식, 표현 방식, 일 처리 방식, 행동 방식 등 업무 수행에 있어 우리가 따르는 프로세스를 의미한다. 또한, 우리 조직과 사회가 일반적으로 받아들이고 있는 통념과 구조를 말한다.

필자는 공무원으로 십수 년간 다양한 국제협력 업무를 수행하면서, 주로 국제기구와의 협력을 추진했다. 세계지방정부연합(UCLG), 세계대도시협의체(Metropolis), 인간의 정주관리를 위한 지방자치단체 지역네트워크(CITYNET)와의 협력이 긴밀했다. 초기에는 국제기구가 제공하는 여러 회원 서비스를 활용하는 자세였다. 그러나 관계를 이어 갈수록 많은 기회가 제공되지 않는다는 것을 깨달았다. 그래서 국제사회에서 호흡을 함께하며 더 많은 기회를 만들어, 보다 지속적이고 영향력이 있는 국제협력을 추진해야겠다는 목표를 갖게 되었다.

보다 적극적인 국제협력을 위해서는 인식의 전환, 접근의 전환, 목적의 전환, 이해의 전환 등 시스템의 재조정이 반드시 선행되어야 한다는 것을 더욱 알게 되었다. 국제사회의 니즈를 파악하는 것, 니즈를 만족시키기 위해 우리의 강점을 재구성하는 것, 전략적 실행을 추진하는 것이 핵심이다. 이런 노력을 통해 협력의 첫 물꼬를 트면, 그다음 단계부터는 파트너와 함께 고민하게 되었고, 다른 기회를 만들어 낼 수 있게 되었다. 기회 창출은 계속되었다.

지속적 기회 창출을 위해 필요한 것은 진정성이다

협력 프로젝트를 대하는 자세는 자랑할 성과만을 위한 단편적 시각이 아니라 국제적 필요와 공동 발전에 뜻을 두고, 그 뜻에 기여하고자 나의 장점을 활용하고, 궁극적 협력의 목적을 위해 같은 마음으로 노력을 경주한다면, 동반자적 파트너십을 맺게 되고 상대는 진정성을 느끼게 된다.

▍지속적 기회 창출을 위해 필요한 것은 꾸준한 노력이다

국제적으로 접근하는 주제는 우리가 쉽게 알 수 있는 것보다 더 넓고 다양하고, 내용적으로도 고도화되어 있는 경우가 많다. 파트너와 함께 실행하기 위해서는 내용에 대해 알아야한다. 모든 분야에서 전문가 수준으로 알 필요는 없다. 프로젝트 진행 과정에서 기본 이해를 가지고 추진할 정도, 분야별 전문가와 협업을 조율할 수 있을 정도면 충분하다. 이 정도를 위해서도 꾸준한 많은 노력이 필요하다.

재미있는 기억이 있다. 교류협력 프로젝트를 할 때나 국제기구 유치를 할 때마다 공부를 참 많이 했다. 대상에 대한 명확한 이해를 기반으로 적절한 제안을 해야 했고, 협상까지해야 했기 때문이다.

세계변호사협회나 국제중재센터 유치 및 관련 법조계 국제회의 유치 지원을 추진할 때는 국내법/국제법의 이해, 법관련 조직에 대한 이해, 중재법과 중재센터의 역할, 역사, 중요성, 중재 방식, 일반법정과 중재법정의 차이, 중재 과정에 필요한 시스템에 대한 이해 등을 위해 열심히 공부했다.

WWF 한국사무소를 유치할 때는 환경기구 리스트, 국제 환경기구 활동 내용, WWF의 역사, 로고의 의미, 환경 보존의 중요성, 국내외적 환경 이슈, 환경단체들의 영향력, 비즈니스 모델, 국내 기여를 위한 협력 포인트 등을 열심히 공부하고 연구했던 기억이 아직도 선명하다. 협상을 위해 국제정서, 국제협상 방법, 각 기구의 사업 영역과 예산 규모까지 깊숙이 연구했다.

세계은행과 아시아개발은행과 협력을 할 때는, 국가와 도시의 정책에 대해 깊이 파고들었다. 개발도상국들의 필요에 따라 우리나라 정책과 적절히 매칭하기 위해서였다. 이런 과정을 통해 우리나라 개발 과정에서의 정책을 많이 알게 되었을 뿐 아니라 다자개발은행의 지식 공유 플랫폼을 통해 많은 협력을 추진하는 과정에서 글로벌 수준에서 인정받는 정책의 종류나 특징, 배경, 글로벌 동향 등이 한눈에 들어오게 되었다. 이렇게 함양된 정책적 이해를 활용하여 많은 매칭을 하고, 추진할 수 있었다.

UN 기후변화협약과의 협력을 시작하기 위해 해당 도시의 정책서 전부를 파악했고, 최근 3년간 해외 협력 사례들에 대하여 분석했다. 또한, 세계적 기후변화 이슈에 대한 동향 파악을 위해 관련 정보를 깊이 파고들었다. 이를 통해 방향을 잡았다. 방향을 잡아냈기에 움직일 수 있었다. 필요한 전문가를 초청하고, 조직을 이해시켰다. 그리고, 협력 이슈에 해당하는 저영향개발(LID), 온실가스 배출량 계정(GHG Emission Accounting)과 전 과정 평가(LCA), 에너지 공급체계, 생산 중심과 소비 중심으로의 접근 및 전환, 데이터 수집 및 관리 등을 접목하는 모델 연구에 직접 참여하였고, 그 연구를 통해 국제기구의 필요와 역할, 도시의 필요와 역할과 시민의 필요와 역할에 대하여 전략적 판단을 할 수 있었다. 그것을 계기로 공동 프로젝트를 제안할 수 있었다.

이 아이디어를 들고 바로 독일 본부로 날아갔다. 담당자를 만나 함께 협력할 수 있는 아이디어를 제안하였다. 그 일은 결국 최초 공동 사업으로 아름답게 결실을 맺게 되었고, 지금까지도 나의 유산(Legacy)로 남아 있다.

기회는 만드는 것이다.

정리

1) 기회가 만들어져서 나에게 오는 경우는 극히 드물다
2) 기회는 만드는 것이다
3) 기회를 간절히 원해야 만들어진다, 간절함으로 노력을 기울일 수 있기 때문이다

19

Wrapping

포장도 기술

프로젝트나 사업에 대한 설명서를 작성할 때 많은 내용을 일목 요연하게 정리하여 기록해야 한다. 진행되는 내용을 직접 대면으로 설명해야 할 때도 많다. 직접 설명을 하기도 하고, 타인의 설명을 들을 때도 있다. 그럴 때마다 느끼는 것 있는데, 대부분의 사람은 포장에 능하지 않다는 것이다. 이뤄 낸 성과에 비해 덤덤한 태도이다. 장점에 대하여 매우 담백하게 전달을 하는 편이다. 그리고 말을 아끼는 편이다. 더욱이, 성과가 많이 난 일임에도 불구하고, '내 입으로 잘했다고 이야기하는 것이 맞나?', '사람들이 부족하다 생각하지는 않을까?' 등의 걱정을 하면서 스스로를 막는 경우도 많다. 많은 사람에게 나아가서 알릴 생각조차 못 하는 사람들도 많이 있다.

반면, 마케팅을 잘하는 사람들은 설명을 입체적으로 정말 잘한다. 여러 측면에서 구체적으로, 시시콜콜한 이야기도 잘 버무려 포장을 잘한다. 무엇보다 자신감을 가지고 이야기를 한다. 가끔 내용은 일반적인데 당사자들의 태도와 자부심에 놀라게 되는 경우도 있다.

안타깝지만, 우리나라는 전자에 해당한다.

국제회의에 참석을 하다 보면, 발표되는 많은 사례가 일반적인 수준의 프로젝트들이다. 그러나 자신감을 가지고 많은 사람 앞에서 전파하고, 많은 협력 기관을 유치하거나 많은 투자자를 유치하기도 한다. 과연 어떤 능력이 있는 것일까.

▌ 접근의 차이가 있다

　개발도상국의 경우, 기술 개발이나 정책 실행에 있어 아직 우리나라의 개발 초기의 상황과 유사하다. 국제기구의 차관이나 공적/사적 펀드를 필요로 하는 경우가 많다. 그래서 국제적 협력에 적극적이다.

　전쟁 폐허에서 시작된 발전 역사가 현재까지 이어 오는 동안, 부족한 우리나라의 경제적 성장과 보다 나은 사회를 추구하는 것이 우리의 주된 정서였다. 선진 국가가 갖는 우수성에 대한 무조건적 인정과 자연스러운 동경이 우리 사회 기저에 존재하기 때문에, 우리가 어떠한 성공을 이뤘다 하더라도 선진국보다는 아직 부족하고 뒤처져 있다는 생각이 있는 듯하다.

　강점을 강점으로 인식하고 그것을 포장하는 습관도 잘 되어 있지 않다. 아직 부족하다는 생각과 주입식 교육에서 야기된 자기표현의 수동적 자세, 일반적 상식선에서 사고하는 습관이 익숙하다. 남들과 다른 생각을 하는 것은 새로운 도전일 때가 많으며, 더 나아가 내가 남들과 다르다고 자랑하는 일은 매우 이례적인 일이었다. 최근에는 좀 나아졌지만, 수십 년간 자기표현에 익숙한 문화에서 교육을 받고 평생을 살아온 사람들과의 관계에서 차이가 발생할 수밖에 없다. 공개 발표나 IR 피칭 등에서도 그 차이는 여실히 드러난다. 정돈된 자료에 경직된 자세와 표정과 말투는 듣는 사람에게는 매우 큰 차이로 다가간다. 이런 배경에서 우수한 개발이나 정책에 대하여 사람들과 어울려 홍보하고 알리고, 협력을 발굴하는 것은 매우 어려운 일이 되었다. 어워드 수상에 관심을 갖고 문서로 승부하는 경우가 대부분이다.

국제협력에 수동적인 이유는 언어의 벽도 크다. 우리는 우리의 언어로도 우리의 생각을 잘 정리하여 말하는 습관이 잘 되어 있지 않은 경우가 많은데, 특히 외국어로 우리의 생각을 뉘앙스를 살려 정확하게 전달하기에는 어려움이 따른다. 통역사의 도움을 받지만 한계가 있음을 많은 상황에서 경험하게 된다. 이런 이유 때문에 경직될 수밖에 없고 기회를 회피하는 경우가 많다. 그러나 이 또한 생각에서 오는 위축일 수 있다. 외국어를 할 때는 원어민처럼 완벽해야 한다는 생각에, 스스로는 완벽하지 않고, 나 외의 외국 사람들은 완벽하다는 생각 때문이다.

그러나, 생각을 바꿀 필요가 있다. 영어의 경우에도, 영어를 모국어로 하지 않는 민족은 굉장히 많다. 실제로 국제협력 무대에서 영어를 하는 사람들 중 그들의 모국어 뉘앙스가 강하여 잘 못 알아듣는 경우가 많고, 표현도 매우 구어체적이고, 그들의 언어와 영어가 섞여 있는 것을 많이 발견하게 된다. 그런 부분에서 자신감을 가져도 좋다. 나만 못한다고 생각하면 아무것도 못 하지만, '다른 사람도 나와 비슷하구나.'라고 생각하면 그들보다 못할 것이 없다는 생각에 미치기 때문이다.

▌ 포장을 위한 궁극적 해결 방법

나의 생각과 마음에 궁극적인 자신감과 자존감을 키워 내는 일이 중요하다. 다른 사람과 비교하여 우와 열을 구분하여 내가 우위에 있거나, 보통은 하고 있다는 판단을 기반으로 자신감을 가진다면, 자신감이 떨어지는 때가 반드시 오게 된다. 나보다 나은 사람들을 보았을 때가 그런 경우일 것이다.

방법은 나의 장점을 더 크게 바라보는 것이다. 부족한 부분에 대한 인식과 보완을 위한 노력은 지속되어야 하지만, 그것으로 인해 나의 자존감을 낮출 필요는 없다. 좋은 점, 자랑할 만한 부분을 스스로 인정하고 그것에 대한 자부심을 갖도록 하자. 그리고 그 좋은 점을 용기를 가지고 제대로 알림으로써 나의 능력을 인정받고 많은 칭찬을 받도록 하자. 칭찬을 누리고, 내가 앞으로 나아갈 수 있는 동력으로 삼도록 하자. 만일, 이런 과정에서 자만하거나 교만과 거만함을 장착한다면 매우 성숙하지 못한 태도로서, 비즈니스와는 별개로 자아 성숙과 성품에 대한 측면에서 이야기를 해야 하는 것이므로 차치하도록 한다.

객관적 눈으로 나의 현황을 파악하고 잘한 것은 잘했다고 인정할 줄 아는 자세는 나의 전문성 향상에 도움이 된다. 특히 국제협력을 하는 사람에게는 반드시 동반되어야 하는 자세이다.

> 겸손은 미덕이다. 칭찬은 늘 과찬으로 거절한다.
> 그러나 비즈니스를 위해서는 잘하는 건 잘한다고 할 줄 알아야 하고, 칭찬은 감사히 받아들여 자존감을 기르는 양분으로 활용할 수 있어야 한다.

이런 맥락에서, 국제협력 담당자의 포장에 대하여 몇 가지 강조해 보고자 한다.

국제협력 담당자는 국제 마케터이다. 국가의 국제협력 담당자라면 국가에 대한 자긍심이 필요하고, 도시라면 도시 정책에 대한 애정이 필요하다. 자신을 대표하고 있다면, 자신에 대한 존중과 인정이 필요하다. 애정과 자긍심을 충분히 갖는 사람이라면 다음의 역할을 수행할 수 있다.

우리가 가진 장점을 강점으로 만들 수 있다.

우리가 가진 강점을 자신 있게 드러낼 수 있다.

우리가 가진 강점을 자랑할 수 있다.

우리가 가진 강점으로 사람을 매혹시킬 수 있다.

결국, 우리가 원하는 것을 얻어 낼 수 있다.

정리

1) 칭찬은 감사히 받고, 성장의 양분으로 삼자

2) 스스로를 자랑스럽게 여겨 보자, 그러면 알리고 싶어 진다

3) 적극적 자세로 포장하는 것은 교만이 아니다

4) 국제마케터의 필수 마인드는 자긍심

20

Coordination

—— 조정과 중재 역할은 다자협력의 필수 불가결

국제협력의 성공을 위해서는 자신의 실력도 중요하지만, 함께 하는 사람들과 합을 얼마나 잘 맞춰 내는가에 더욱 무게가 실린다. 과업의 범위가 넓은 일이라면 더욱 그렇고, 새로운 시도일 경우도 마찬가지이다.

다자협력이라면 더더욱 그렇다. 많은 사람이 함께한다는 것은 그만큼 고려해야 할 것이 많다는 것이다. 의견도 다양하고, 방향성도 다르기 때문에 리더십이 필요하며, 조정과 중재가 필요하다.

▌ 범분야 리더(Cross-sector Leader)의 시대

최근 가장 많이 들리는 단어가 연대(Solidarity)이다. 2000년대부터 지속가능성(Sustainability)이 세계의 키워드였고, 2010년대부터는 회복력(Resilience)이었고, 2015년이 되면서 다시 지속가능성이 중요성을 더해 가면서 지금까지 이어지고 있다. 지속가능성을 이뤄 내기 위한 키워드가 바로 연대이다. 함께 노력하지 않으면 어떤 것도 이룰 수 없다는 것을 전 세계가 깨닫고 있는 중이다.

2024년 11월 아제르바이잔 바쿠에서 열린 제29차 기후변화당사국총회(COP29)의 주제도 역시 녹색세계를 위한 연대(Solidarity for the green world)였다. 세션의 주제에도 영향을 미쳤다. 지금 이 시대에 필요한 리더는 영역을 넘나드는 리더(Cross-sector leader)라고 세계은행(World Bank) 보고서에서 밝히고 있다. 기후 위기 시대에 어느 때에는 정책가가 중요했고, 어느 시기에는 에너지 전문가가 중요했고, 어떤 때는 기술자나 해당 분야에 정통한 전문가를 필요로 해왔다. 그러나 지금은 모든 분야를 아우르고 함께 이끌어 갈 수 있는 리더십이 필요하다. 국제적 협력이야말로 다양한 분야에서 많은 사람이 함께 하나의 목적을 위해 달려가는 상황이므로 초분야, 초인종, 초지역적 스케일에서 영향을 미칠 리더십이 필요하다.

▌ 이해관계자 간 조정과 중재 역할 중요

다리의 역할은 초기 연결 후 사라지는 것이 아니라 지속적으로 상호 교류가 있을 수 있도록 같은 자리에서 같은 역할을 수행하는 것이 중요하다. 초기에 잘 연결이 되었다 하더라도, 다리가 사라졌을 경우 많은 문제가 야기되는 것은 자명하다. 커뮤니케이션의 문제, 상호 이해의 한계, 진행 과정 중 부딪힐 수 있는 문화적/사회적/조직적 한계 등에 대하여 객관적으로 해석하여 부드럽게 풀어 줄 수 있는 코디네이터의 역할이 지속적으로 필요하다. 프로젝트라면 마무리될 때까지, 장기적 교류라면 이해관계자 간의 관계가 안정될 때까지 적절하게 영향을 미칠 조정자/중재자가 필요하다. 그렇지 않은 경우, 중간에 교류가 중지되거나 실패로 마무리되는 경우를 많이 보았다. 중재자가 같은 조직 내에 있을 수도 있고, 조직 밖에 있을 수도 있으나, 어느 쪽이든 상관없이 지속적 관계를 맺으면서 원활한 소통 및 진행이 될 수 있도록 협력을 하는 것은 필수적이다.

내가 중재자가 되는 경우도 있다. 내가 속한 조직이, 또는 나 자신이 나의 파트너들과의 관계 유지와 객관적 사업 추진을 위해 노력하는 경우도 많다. 정부 외교, 도시 외교, 민간 외교를 포함한 공공 외교의 사례에서 두 가지 입장을 늘 취하게 된다. 하나는 내 조직의 이익을 위해 주관적 관계를 이어 가는 것이고, 두 번째는 참여하고 있는 연대가 무너지지 않도록 객관적 관계를 이어 가는 것이다. 이 두 가지를 잘 해내는 것이 관건이라고 해도 좋다.

국제협력 중재와 조정을 위해 필요한 기술을 몇 가지 소개하고자 한다.

▌설득력

국제사회에는 똑똑한 사람들이 엄청 많다. 대부분 논리적이고 이성적이다. 또한 이해력도 높고 명쾌하다. 이런 상황에서 필요한 요인은 설득력이다. 우선 듣는다. 들은 것을 똑

바로 이해한다. 행간을 읽는다. 한 마디 한 마디에 포함된 의미를 정확히 이해하는 것이 중요하다. 즉시로 사고 프로세스를 거쳐 어떤 맥락으로 어떻게 대응을 할지 결정을 해야 한다. 지식뿐 아니라 감각과 정확한 판단 능력을 동원해야 한다. 그런 후, 가장 적절한 어휘와 표현으로 나의 생각을 전달하고, 듣는 이로 하여금 이해하고 받아들일 수 있도록, 또는 나의 생각대로 행동할 수 있도록 이끄는 일련의 과정을 반복하게 된다.

논리적이고 명확한 근거에 의한 방향성을 제시할 필요가 있으며, 신뢰를 줄 수 있는 태도와 흡인력(Charisma)이 있다면 더할 나위가 없겠다. 설득에 있어 무엇보다 중요한 것은 객관적 데이터이며, 경험에 비추어진 지혜는 더욱 무게감을 갖게 한다. 말에 힘을 더하기 위해 많은 노력을 들여 지식과 지혜를 갖추도록 노력해야 한다.

▌ 토론 스킬

다자간 협력을 진행하다 보면 토론을 많이 하게 된다. 많은 사람이 의견을 개진하는 자리에서 가장 중요한 역할을 하는 사람이 진행자(Moderator)이다. 많은 의견의 방향을 통합하고, 주제에 맞는 질문 커뮤니케이션을 통해 좋은 의견을 도출해 내고, 서로 다른 시각에 대한 해석과 입장에 대한 이

해를 통해 모두에게서 서로에게 도움이 되는 가치를 도출할
수 있도록 돕는 역할을 한다.

협력 사업 추진 과정 중에도 토론은 필수적이다. 전략 도
출, 과제 도출, 준거틀과 방법론 도출, 실천 방향과 역할 분
배 등이 필수 주제이다. 이해관계자들 간 이해 조정을 위해
서는 좋은 결론에 도달할 수 있도록 객관적이고 원론적이면
서 목적 지향적인 시각을 유지해야 한다. 이 과정에서 실패
를 하면 배가 산으로 향하고, 총체적 어려움을 겪게 된다. 센
스 있는 리더가 필요하다.

▌ 의사 결정 스킬

일상에서도 삶을 살아가면서 우리는 많은 결정을 순간순
간 내리며 살아간다. 중요한 일을 앞둘수록 의사 결정의 시
간과 숙고의 깊이가 다르다. 작은 일이어도 숙고의 시간을
갖는 것은 필요하다. 숙고의 시간은 우유부단함과는 다르다
는 것을 기억하자. 중요한 것은 숙고의 노력 끝에 좋은 의사
결정을 내리는 것이다.

좋은 의사 결정이라는 것은 상황에 따라 다르겠지만, 현실
을 반영한 가장 합리적인 결정, 좋은 결론을 가져올 수 있는
결정이라고 할 수 있다. 평소 우리가 했던 결정에 대한 결과
를 평가해 보는 습관이 필요하다. 실행 과정에서 문제가 없

었는지, 어떤 점이 아쉬웠는지, 더 나은 대안은 없었는지, 함께한 사람들의 의견에는 어떤 것들이 있었고, 채택하지 않은 의견이 아쉽지는 않았는지, 결과에 만족했는지, 더 나은 결과를 위해 보완할 것은 무엇인지 등의 질문을 통해 이미 내렸던 결정에 대한 검증이 가능하다. 검증이 습관화되면 좋다. 신중한 결정 과정에서 아직 도래하지 않은 상황에 대한 예측이 가능하게 되고, 보다 효과적인 의사 결정을 빠르게 내릴 수 있게 될 것이다.

▌ 비전에 기반을 둔 리딩 스킬

많은 사람을 리드한다는 것은 쉬운 일이 아니다. 모두에게 존경을 받는 사람이라면 리더로서 시작은 좋을 것이다. 그러나 그가 가진 경험이나 전문성, 성품 등으로 끝까지 리더로서 인정받을 것이라는 확신은 어렵다. 사람들이 함께 움직이고 뜻을 같이하며 함께 걸을 수 있게 하는 동력은 비전에 있다. 비전을 제시하고, 감동시키는 리더가 마지막까지 이끌 수 있다.

단계적인 절차를 밟아 성공하는 사람이 있고, 전체를 보고 퍼즐을 맞추어 일을 성공시키는 사람이 있다. 두 타입의 사람 모두에게 필요한 것은 정확한 목적성이다. 궁극적으로 무엇을 향해 가야 하는지 알아야 옳은 방향으로 걸을 수 있다.

조직의 일원으로서 한 부분을 담당하는 것은 당연하다. 그러나 주어진 일만 습관적으로 하는 사람들은 전체를 보기 어렵다. 일이 주어졌을 때, 이 일이 무엇을 위한 일인지, 어떤 방향으로 가고 있는 중인지, 다른 사람들은 어떤 일을 하고 있는지 파악한 후 나에게 주어진 일을 수행한다면 전체의 방향에 기여하는 역할을 하게 된다.

전체를 보며 일을 하는 습관은 비전을 이해하고, 비전을 따르게 만들어 준다. 비전은 시시때때로 만나는 도전 과제와 문제들의 해결을 위한 분명한 잣대가 되어 줄 것이고, 조직의 흔들림을 잡고 한마음으로 협력할 수 있게 해 줄 것이다.

국제사회는 많은 변수가 존재한다. 그 변수를 조정하고 중재하여 상황을 정리하고 공동의 목표로 달려갈 수 있도록 하는 목적 지향적 리더가 필요하다.

정리

1) 국제협력은 다자간 협력이 많은 부분을 차지

2) 함께 달려갈 수 있는 조정과 중재의 능력이 중요

3) 다자협력에 필요한 리더는 비전을 제시할 수 있는 리더

21

Speech

———————————— 말하는 스킬
매혹하는 센스
감동시키는 진심

▎조리 있게 말을 잘하는 스킬

조리 있게 말하는 법은 어렵지 않다. 말이 어떤 역할을 하는지 이해하면 해결된다.

말은 일방적으로 주입하는 말, 상호 공유 및 정보 전달을 위한 말, 감정을 표현하는 말, 설득을 위한 말, 생각을 지지하는 말, 의견을 개진하는 말 등으로 구분할 수 있다. 이 모든 말이 갖는 하나의 목적은 소통을 위한 것이다. 상대에게 원하는 것이 없다면 말을 하지 않는다. 원하는 것이 있기 때문에 말을 하는 것이다. 목적 없이 던지는 말은 힘을 갖지 못한다. 아무도 이해하지 못하기 때문이고, 어떤 것도 전달하지 못하기 때문이다.

그렇다면 답이 나왔다. 상대가 쉽게 이해하고, 목적이 잘 전달되었다면 조리 있게 잘 말을 한 것이다.

▎전달을 잘하기 위한 방법은

첫째, 두괄식으로 명확하게 전달하기

결론부터 먼저 이야기하고, 부연 설명을 하는 방식이다. 누가 들어도 명쾌하게 내 뜻을 이해하도록 결론을 먼저 잡는 것이 중요하다. 말하는 사람의 입장에서 생각하면, 전달하고자 하는 내용이 명확할 때 결론을 먼저 말할 수 있다. 결론이 없을 때는 말을 돌리게 된다. 어떤 때는 말하다가 결론을 얻고 그것을 말하는 경우도 있다. 조리 있게 들리지 않는다.

둘째, 어려운 어휘 피하고, 쉬운 표현으로 간결하게 말하기

생각을 전달하고, 이해시키고자 한다면 나만 아는 표현으로 말을 해서는 안 된다. 이해하기 쉬운 단어와 공감되는 표현으로 간결하게 말할수록 좋다. 간결하게 전달하기 위해서는 두 가지 연습이 필요하다. 내 생각이 무엇인지 정확히 정리하는 연습과 장황하지 않게 짧은 길이로 핵심을 표현하는 연습이 필요하다.

셋째, 논리적으로 이야기하기

상호 대화에서 단답형은 거의 없다. 결과를 말했으면 원인이 있어야 한다. 말을 했으면, 그 말의 이유가 있어야 한다. 의견을 전달하려면, 지지하는 데이터가 필요하다. 이해를 시키기 위해서는 논리적인 설명을 덧붙였을 때 더욱 효과적이다.

국제협력에서는 의사소통의 퀄리티에 따라 업무 시간이 줄고, 완성도가 높아지며, 시너지를 낼 수 있다. 실무적 팁을 몇 가지 이야기하자면,

1) 메일에 대한 답변은 하루를 넘기지 않는다.

2) 육하원칙에 따라 일목요연하고 명확하게 표현한다.

3) 명쾌한 답이나 가이드를 주도록 노력한다.

4) 다자 커뮤니케이션에서는 혼선, 지연, 오해 등이 없도록 모두가 참조된 이메일을 활용하고, 회의록을 남겨 회람한다.

5) 이전 상황과 정보가 연결되는 대화를 해야 하며, 목적과 원하는 바를 정확히 말한다.

6) 업무 공유는 구체적일수록 좋다.

▌ 매력적으로 말을 잘하는 센스

매력적이라는 것은 마음에 든다는 의미이고, 취향을 저격했다는 말이다. 내 할 말만 생각하고, 내 입장에만 머물러서는 불가능하다. 상대에 대한 고려가 있어야 한다.

▌ 매력적인 대화를 위한 방법은

첫째, 상대방의 입장에서 대화를 시작하기

대화는 상대의 생각을 바꿔 나의 생각과 같도록, 또는 서로의 의도를 일치시켜 같은 행동을 하도록 만든다. 최소한 나의 목적을 달성하기 위해 대화를 하더라도, 상대에게 필요한 말이나 도움이 되는 말로 시작하면 좋다. 그리고, 그 말에 나의 의도를 얹어 대화를 이끌어 나가면 상대는 움직일 것이다.

둘째, 포인트를 정확히 파악하고 핵심을 전달하기

의구심이 들거나 뭔가 부족한 대화에서는 매력을 느낄 수 없다. 명쾌하고, 니즈를 해결해 주는 정보의 전달, 고민에 대한 좋은 조언, 마음을 알아주는 시원한 대화, 궁금증 해결뿐만 아니라 그에 더하여 의미 있는 정보를 제공하는 사람에게는 매력을 느끼게 되고, 더 이야기를 하고 싶어질 것이다.

셋째, 편안한 분위기를 주도하면서 감정적 호소력을 갖기

대화는 말뿐 아니라 감정도 함께 교류되는 시간이다. 표정이나 말씨, 눈빛, 몸의 움직임, 대화를 하는 공간의 분위기 등 모든 요소가 소통에 영향을 미치게 된다. 목적에 따라 대화 장소 선정이 중요하며, 편안함을 느끼도록 상대의 이해도를 체크하고, 정서적 상태, 주변 상황 등을 고려하여 대화를 이어 가면 좋다. 가장 편안한 환경에서 서로에게 집중한 상태에서 이야기할 때 감정적 동의를 이끌어 낼 수 있게 된다.

▌ 감동시키는 말의 원천은 진심

마음을 움직일 때 관계는 파트너를 넘어 동반자가 된다. 신뢰라는 단어에 '무조건적'이라는 수식어가 붙는 순간이다. 그런 관계라면 세상 무슨 일이든 함께할 수 있다.

첫째, 공감하는 말을 하자

듣는 대상에 대해 이해해야 한다. 지피지기는 좀 냉정하고 비즈니스적이다. 역지사지가 좀 더 부드럽다. 이해를 하면 공감이 가능하고, 보다 진솔한 소통이 가능하다. 긍정적 의도를 가지고 상대의 생각에 대해 공감을 하고 있음을 말한다. 그리고 왜 공감하는지에 대한 이유와 함께 나의 생각과 의견이 어떻게 상대와 같은지를 말하는 것이다. 공감이라는 것은 이해할 뿐 아니라 받아들이고, 그 생각과 함께한다는 의지의 표현이다. 지지를 보내 줘도 좋다. 가끔 존경과 칭찬을 적절히 사용하는 것도 중요하다. 상대가 마음을 열게 되고 좀 더 깊은 대화가 가능하게 된다.

둘째, 존중하는 말을 하자

상대의 말에 이어 대화를 할 때 '고맙다', '좋은 생각이다', '중요한 의견이다', '너의 생각도 옳다' 등 상대의 말에 존중을 표현하는 말로 시작해 보자. 계속 듣다 보면, 상대의 생각에 반하는 의견을 이어 갈 때도 많다. 그래도 좋은 분위기에서 토론이 진행된다.

토론에서 서로의 의견이 다르다고 해서 상대의 말을 무시하거나 불필요한 말로 치부하거나, 부정적 분위기를 만들면 안 된다. 인격적으로 존중하는 태도로 토론을 이어 가면 서로의 말에 존중이 담기고 더욱 좋은 토론, 좋은 대화가 이어지게 된다. 토론 후 좋은 친구가 되는 경우도 많이 있다.

우리는 종종 상대를 존중하면 나에게 손해라는 생각을 할 때도 있는 듯하다. 그러나 현실은 정반대이다. 상대를 존중하면 오히려 내가 더욱 존중을 받게 되고, 우호적인 파트너가 많이 만들어진다는 것을 기억하자.

셋째, 진심을 담은 말을 하자

진심을 전하는 것은 무엇보다 중요하다. '입에 발린 말', '영혼 없는 리엑션' 등의 표현이 있듯, 듣는 사람은 상대가 진심으로 말하는지, 겉으로만 말하는지 금세 알아차린다. 말에는 힘이 있다. 그렇기에 그 말에 무엇을 실어 전달할 것인가는 우리가 결정할 일이다.

국제사회에서는 더욱 그렇다. 문화와 배경, 사고의 틀이 다른 다양한 사람들이 모였지만, 기억해야 하는 것은 사람의 진심은 통한다는 것이다. 진심을 전달함으로써 상대를 감동시킬 수 있다면, 비즈니스 성공 이상의 공감대와 연대가 형성될 수 있다.

성의 있는 한 마디 한 마디를 해 나가는 습관을 갖는 것은
중요하다. 언어 습관은 은연중에 나오는 경우가 많다. 평소
우리의 언어와 표현이 어떠한지 점검한다면, 국제 비즈니스
무대에서도 감동시키는 말로 모든 일을 해 나갈 수 있을 것
으로 확신한다.

정리

1) 언어적 탁월함은 생각을 정확히 전달하는 능력

2) 핵심만을 가지고도 감동시킬 수 있는 노하우

3) 진심을 담은 말은 마음을 움직이는 능력

『국제협력 바이블』을 통해 국제협력을 위해 필요한 법칙들을 알아보았다. 경험과 노하우를 녹여 도출한 법칙들이다. 기억하고 마인드와 실무에 적용한다면 기초를 튼튼히 이룬 국제협력가가 될 수 있을 것으로 확신한다.

그러나 국제 환경은 헤아릴 수 없이 다양하고, 프로젝트나 협력 관계 중 발생하는 문제 역시 헤아릴 수 없이 다양하다. 『국제협력 바이블』을 통해 다진 기본기를 활용하여 적극적이고 현명하게 다양화를 시켜 적절히 대처할 필요가 있다는 것을 기억하자. 여러분이 주어진 상황을 해결하는 방법은 독창적이고 누구도 경험하지 못한 새로운 것일 수 있다는 것을 기억하자.

삶에서 어떤 것을 만나더라도 본질을 파악하고 장점과 단점을 정확히 바라보고, 취사선택하는 태도를 잃어서는 안 된다. 그리고, 장점은 적극적으로 흡수하되, 내가 가진 특징과 독창성을 버리지 않으면서 더욱 강화될 수 있도록 발전시켜 나가는 것이 중요하다. 더욱 세련되고 풍부한 경험을 가진 국제협력가로 거듭날 수 있기를 바란다. 그런 독자들과 함께 국제협력을 성공으로 이끄는 축복이 내게 있기를 바란다.

그간의 이야기를 정리하는 것은…

많은 이가 꿈꾸고 있는 국제 무대에 쉽게 접근하기를 바라고, 많은 국제협력 담당자가 고민을 하고 있는 것에 조금이라도 도움이 되기를 바라고, 해답을 찾아가기를 바라서다.

국제협력 업무, 특히 제대로 된 일을 하고자 하는 것은 우물을 파는 일과 같다. 아무도 물을 찾지 않고, 물을 마실 수 있으리라 기대조차 하지 않는 곳에서, 스스로 물을 찾아보겠다는 마음으로 꿋꿋이 우물을 파는 일. 무모해 보이지만, 샘솟는 맑은 물로 그 주변이 풍성해질 수 있는 일. 그 일을 많은 이와 함께하고 싶어서다.

그리고, 23년의 세월 동안 고군분투했던 시간이 사라지지 않기를 바라서다.

국제협력 바이블

1판 1쇄 발행 2025년 05월 30일

지은이 박미정

교정 주현강 **편집** 김해진 **마케팅·지원** 이창민

펴낸곳 하움출판사 **펴낸이** 문현광
이메일 haum1000@naver.com **홈페이지** haum.kr

블로그 blog.naver.com/haum1000 **인스타** @haum1007

ISBN 979-11-7374-063-3 (93300)

좋은 책을 만들겠습니다.
하움출판사는 독자 여러분의 의견에 항상 귀 기울이고 있습니다.
파본은 구입처에서 교환해 드립니다.